AF279507

Gedanken der Erleuchtung

Band 2

Du bist das Leben

Christian Lipp

www.christianlipp.at

Impressum:
Autor: Christian Lipp
Herausgeber: Christian Lipp c/o Autorenservice Gorischek
8101 Gratkorn, Am Rinnergrund 14/5, Österreich
Verlag: BoD · Books on Demand GmbH, In de Tarpen 42,
22848 Norderstedt, bod@bod.de
Druck: Libri Plureos GmbH, Friedensallee 273, 22763 Hamburg
ISBN: 978-3-7583-5248-5

Auf

deinem

spirituellen Weg,

kannst du nicht

nur an Gott glauben,

du kannst Gott

erfahren.

Inhalt

Vorwort

Es freut mich sehr, dass du den Band 2 in den Händen hältst und dass ich dich hiermit weiterhin auf eine Bewusstseinsreise mitnehmen darf.

Als Mensch streben wir nach Glück und unseren Seelenfrieden. Irgendwann im Leben kommen wir an einem Punkt, an dem wir erkennen, dass das, was wir hier und jetzt erleben, nicht alles gewesen sein kann. Gibt es einen höheren Sinn im Leben? Ich sage ja, aber was ist dieser Sinn?

Wenn wir erkennen, dass der höhere Sinn im Leben der ist, das wir unsere Seele nach Hause bringen - zurück zu Gott, können wir endlich anhalten, gelassen werden und uns nach innen richten. Das ist der Beginn einer wunderbaren Reise zu unserem Selbst.

Diese Reise zu uns selbst ist eine Reise, die unser Leben grundlegend verändert, und uns in einen seelischen und beständigen Glückszustand führt. Dieser innere Seelenfrieden, der dadurch einkehrt, ist mit nichts zu vergleichen und macht unser Leben erst richtig rund.

Dieser Band 2 geht etwas mehr in die Tiefe und behandelt die möglichen Hindernisse auf deinem spirituellen Weg. Er nimmt das Ego und dein Leben genauer unter die Lupe und zeigt dir, welche Hindernisse es zu überwinden gibt. Ich sagte schon: Der Weg ist das Ziel und mit anhaltender Dauer wirst du eine angenehme Veränderung in deinem Leben wahrnehmen. Es wird leichter, du wirst gelassener und unabhängiger. Du bekommst ein neues Selbstbewusstsein und eine Sicherheit, die darauf zurückzuführen ist, dass du immer mehr zu dir findest, dass du erkennst, wer du in deiner Essenz bist. Dies ist ein Prozess, - ein Bewusstseinsprozess, der seine Zeit in Anspruch nimmt. Du brauchst Geduld und Beharrlichkeit, aber dies ist nicht schwer, weil du am Weg schon nach und nach die Lorbeeren erntest.

Bitte lies dieses Buch sehr langsam, bewusst und meditativ. Nur so wird die hohe Schwingung, die Liebe und der Frieden auf dich wirken, die von diesen Zeilen ausgehen.

Ich schreibe dieses Buch zur einfachen Lesbarkeit in der männlichen Form, spreche aber damit alle Geschlechter gleichermaßen an. Die Personenbezeichnungen beziehen sich daher immer auf alle Geschlechter.

Wenn du mit der Meditation noch nicht vertraut bist, probiere es aus. Solltest du psychische Probleme haben, besprich zuerst mit deinem Arzt oder Therapeuten, ob die Meditation das richtige für dich ist.

Natürlich habe ich auch in diesem Buch wieder nach jedem Kapitel einen Leitgedanken eingefügt, der dir als Orientierung und Wegweiser dienen kann.

1.

Ich habe mich

auf den Weg gemacht

und erkenne das die Stille

ein Ort ist, an dem ich

mich Selbst und gleichzeitig

meinen Seelenfrieden

finden kann.

Selbstverantwortung

Im Zeitalter des Internets und der damit verbundenen neuen Medien hat sich unser Leben stark verändert. Die Technologien haben sich schnell weiterentwickelt, und der Mensch wird zunehmend von Maschinen und Robotern ersetzt. Diese Entwicklungen machen den Menschen Angst, weil sie sich um ihre Arbeitsplätze und ihre finanzielle Zukunft Sorgen machen. Gleichzeitig leiden wir durch die neuen Medien und durch eine immer schnellere Kommunikation an einer Reizüberflutung, wie wir sie vorher noch nie gehabt haben. Ich beobachte besonders junge Menschen, wie sie Gefahr laufen, ein Suchtverhalten in Bezug auf Handy, Social Media und Internet, zu entwickeln. Sie verlieren teilweise die Kontrolle darüber und haben kein Gefühl dafür, wieviel Zeit sie täglich damit verbringen. Dazu kommen Job, Familie, Kinder, Hausarbeit, Hobbys und Freunde - alles verlangt nach unserer Aufmerksamkeit und unserer Zuwendung. Wie bekommen wir das alles unter einen Hut, um nicht auch in die Burnout Falle zu tappen?

Es ist grundsätzlich ein gewisses Maß an Bewusstsein erforderlich, um sich nicht durch diesen ganz normalen Wahnsinn krank machen zu lassen. Bewusstsein ist unsere Essenz, die wir sind. Es ist der reine Geist - dein SELBST, der unser ewiges Sein ausmacht. Der Gegenspieler zu unserem SELBST ist das Ego. Es ist unser anerzogenes kleines ICH, das in unserem Verstand sitzt und sich als von Gott getrenntes Wesen wahrnimmt. Es ist anfällig und offen für die Widrigkeiten des Lebens, für die Hektik, für die Aufopferung und für das Leiden dieser Welt.

Dieses Ego weiß nichts von unserer Essenz und führt ein eigenständiges Leben in dieser materiellen Welt. Es wurde seit unserer Kindheit darauf programmiert, das wir funktionieren müssen, dass wir stark sein müssen und unsere Leistung erbringen müssen. Es wurde daraus ein eigenes Denksystem. Versagen ist keine Option für das Ego, denn es will überleben und es will stark sein. Es will in Sicherheit sein, es will gefallen, es will erfolgreich sein und es will geliebt werden. Um dies zu erreichen, tun wir alles, wenn wir uns in der Ego-Falle befinden. Im Extremfall strampeln wir uns ab, wir sind lieb und nett, wir kümmern uns um alles und jeden und vergessen uns manchmal selbst dabei. Wir selbst bleiben oftmals auf der Strecke, und wenn wir nicht aufpassen, werden wir krank.

Dies ist der ganz normale Wahnsinn - der Ego-Wahnsinn, so wie er bei einigen Menschen sehr oft stattfindet. Wir sind in unseren Egostrukturen gefangen. Wenn du persönlich betroffen bist von diesem ganz normalen Wahnsinn, wenn dir alles zu viel wird, wenn dich Stress, Angst, Schuld, Scham, Kleinheit, Minderwertigkeit, Hektik, negative Gefühle, Unterdrückung, etc. belasten, dann solltest du dir das genauer anschauen.

Solche Umstände sind menschlich und kommen sehr häufig vor. Wenn sie ein normales Ausmaß haben, können wir und meist selbst helfen. Dich Freunden und vertrauten Personen anzuvertrauen hilft auch in vielen Fällen. In schwerwiegenden Fällen empfehle ich dir, einen Therapeuten aufzusuchen.

Das Wichtigste ist, zuerst zu erkennen, dass nur du diese Umstände ändern kannst. Es kommt meist niemand von außen und ändert etwas für dich. Du musst in diesem Fall Selbstverantwortung übernehmen. Beginne dich - dein Ego - wie ein kleines Kind zu beobachten. Wie geht es dir, wie fühlst du dich, was belastet dich, wie wirst du von anderen behandelt? Gehe einmal ganz in dich, nimm dir dafür Zeit, spüre deine Gefühle, habe keine Angst davor.

Wenn du dich von außen beobachtest, wie wenn du auf ein kleines Kind schauen würdest, was siehst du? Wenn du dir dein Leben anschaust, was würdest du sofort ändern wollen? Was würdest du einem geliebten Kind nie zumuten, was du dir aber die ganze Zeit zumutest? Wo ist Handlungsbedarf: im Job, in der Partnerschaft, in anderen Beziehungen, im Suchtverhalten, oder in einem anderen Bereich?

Wenn es Bereiche in deinem Leben gibt, die du aufräumen solltest, dann nimm sie in die Hand. Du wirst es wissen, was es zu verändern gibt. Sei mutig, vertraue auf die Hilfe Gottes. Nimm dir jeden Tag 20 Minuten Zeit und gehe in Ruhe in dich, fühle deine Gefühle und spüre hinein in dein Herz. Höre auf, ständig mit dem Verstand zu denken, er ist hier meist kein guter Ratgeber. Was sagt dir dein Herz? Sind Veränderungen angesagt?

Was würdest du deinem besten Freund empfehlen, wenn er in deiner Situation wäre? Behandle dich nie schlechter als deinen besten Freund. Selbstliebe heißt für mich auch, dass du dich mindestens so gut behandelst wie deinen besten Freund, oder dein geliebtes Kind.

Wir müssen uns einmal bewusst werden, dass solche Umstände keinesfalls normal sind und dass niemand solche Umstände dulden muss. Jeder hat das Recht auf Freiheit, Freude und Liebe. Diese Freiheit, Freude und Liebe, die uns Gott zugedacht hat, haben wir meist nicht. Wir haben sie deshalb nicht, weil wir nicht in unserem Selbst sind, sondern in unserem Ego - in unserem kleinen Ichlein. Wir befinden uns oft in einer Opferrolle und erkennen nicht, dass nur wir die Selbstverantwortung dafür tragen, was wir zulassen und was nicht. Wir müssen nach und nach aus unserem Ego aussteigen und in unser Selbst kommen. Einige praktische Schritte wie das „Bewusst SEIN" und die „formlose Meditation", habe ich im Band 1 schon ausführlich beschrieben.

Durch diese spirituelle Praxis eröffnen wir uns der geistigen Welt. Wir versuchen, aus dem Ego-Denken auszusteigen und in unser SELBST - in unser göttliches Potential - zu gelangen. Diese Stille ist der Raum des Heiligen Geistes. Es ist der Raum, in dem du deinem SELBST am nächsten bist. Dein SELBST ist göttliche Präsenz, du bist ein Teil des großen Ganzen. Dort liegt der Schlüssel zur Befreiung aus allem Leiden - dort erreichst du dein göttliches Potential. Diese Tatsache wurde jedoch von einem starken Ego - und dem damit verbundenen Ego-Denken - überschattet.

Nur in dieser Stille können wir wieder zu unserem SELBST finden. Dieses Selbst ist der göttliche, ewige Teil an uns. Wir steigen aus dem ICH aus und kommen in unser SELBST. Dies ist ein wunderbarer Prozess der Selbstfindung und wir entwickeln gleichzeitig mehr Selbstbewusstsein und Selbstliebe.

2.

Mehr Bewusstsein

ist die Voraussetzung,

zu erkennen,

dass ich in meinen

Ego-Strukturen

gefangen bin.

Der erste Schritt ist,

dass ich für die

notwendigen Veränderungen

in meinem Leben,

Verantwortung

übernehme.

Vom Beruf zur Berufung

Wir haben alle einen von Gott zugedachten Platz in unserem Leben. Wenn wir diesen Platz finden, dann haben wir das Gefühl, dass wir hier genau richtig sind.

Das beginnt beim Job und erstreckt sich über die Partnerschaft bis zu unserem Wohnsitz und auch in andere Bereiche. Vielleicht kennst du das Gefühl „hier bin ich angekommen". Das fühlt sich so leicht und unbeschwert an, es passt zu dir, und jeder Zweifel hat ein Ende.

Wenn es deinen Job betrifft, dann fühlst du dich wohl bei dem, was du tust. Der Chef passt - oder du hast dein eigenes Unternehmen. Du freust dich auf die Arbeit und sie ist keine Bürde mehr. Alles geht dir leicht von der Hand, und der Erfolg lässt nicht auf sich warten.

Vielleicht kennst du diese Worte nicht, und sie klingen für dich wie aus einem Märchenbuch. Wenn das so ist, dann ist es vielleicht bei dir an der Zeit, etwas im Job zu verändern. Du hast es verdient, in deiner Arbeit Spaß zu haben. Die Arbeit soll dir Freude bereiten, und du sollst deine Talente damit ausleben können. Ob du nun in der Fabrik arbeitest, LKW-Fahrer bist, Lehrer oder Arzt - es spielt keine Rolle. Du sollst dich einfach an deinem Platz wohl fühlen. Du sollst das Gefühl haben, dass du genau das tust, was jetzt für dich das Richtige ist. Du hast Spaß und Freude und gehst gerne zur Arbeit.

Das muss nicht ein Leben lang dasselbe sein. Das Leben ist ein Prozess, das Leben ist Veränderung. Die meisten Menschen arbeiten nicht in dem Beruf, den sie gelernt haben. Ich selbst habe vier verschiedene Berufe ausgeübt und habe immer dann meine Arbeit geändert, wenn es Zeit dafür war.

Überstürze nichts, aber wenn du das Gefühl hast, mit dem was du machst, nicht mehr glücklich zu sein, dann mach dir neue Pläne. Überlege dir etwas Neues, was würde dir jetzt Spaß machen, worauf hast du jetzt Lust. Vielleicht willst du einmal etwas ganz anderes machen. Vielleicht willst du einmal im Reisebüro arbeiten, vielleicht am Flughafen oder im Verkauf. Es gibt so viele Berufe die man als Quereinsteiger ergreifen kann. Oder man benötigt nur ein halbes Jahr oder ein Jahr eine Ausbildung. Manchmal wird dir sogar die Ausbildung bezahlt. Es gibt viele Firmen, die suchen dringend neues Personal. Sie bezahlen sogar hohe Kopfprämien, wenn ein Mitarbeiter einen anderen Mitarbeiter vermittelt. Vielleicht hast du Talente, die du in einer selbstständigen Tätigkeit verwirklichen kannst. Du könntest dir ein eigenes Business aufbauen und dein eigener Chef werden. Du brauchst nur eine gute Idee und etwas, das du gerne machst. Mach dir einen Plan und überlege wie du ihn finanziell verwirklichen kannst. Stürze dich nicht gleich in Schulden, sondern fang klein und überlegt an - vielleicht fürs Erste einmal nebenberuflich.

Ich will dich nicht ermutigen, unbedingt deinen Job zu kündigen. Im Gegenteil: wenn du zurzeit glücklich bist, ist das schön für dich. Bleib dort und sei dankbar dafür. Aber wenn du nicht glücklich bist, dann wirst du ständig in deinem Kopf diese Gedanken haben: „Was mache ich hier eigentlich? Warum tue ich mir das an?"

Wir verbringen einen großen Teil unserer Zeit in der Arbeit, meistens sind es acht Stunden täglich, oder mehr. Wenn du in dieser Zeit nicht glücklich bist, dann färbt sich das auch auf andere Bereiche in deinem Leben ab. Du kannst nicht von einer Arbeit nach Hause kommen, in der du nicht glücklich bist, und dann erwarten, dass du sofort zu Hause glücklich bist. Wenn du das kannst, ist es gut - dann bist du ein Meister in der Abgrenzung. Meistens ist es jedoch nicht so leicht, sich einfach abzugrenzen. Wir hadern oft den ganzen Tag mit der Situation, die in unserem Leben nicht passt - in diesem Beispiel ist es die Arbeit. Es beschäftigt dich natürlich, wenn es in der Arbeit nicht passt, das ist ganz normal und nichts Außergewöhnliches. Ein negativer Arbeitsplatz wirkt sich negativ auf dein Leben ab. Du denkst darüber nach, wie schlecht es dir geht, wie du leidest oder wie du das ändern kannst. Wahrscheinlich sprichst du auch mit anderen, mit deiner Partnerin oder mit Freunden über deine Situation. Oft hilft es schon, jemand zu haben, der einfach nur zuhört.

Aber das Jammern ändert nichts. Du musst eine Entscheidung treffen und dir neue Perspektiven zurechtlegen. Mach dir einen Plan: Was, wie und in welchem Zeitraum du deine Situation ändern möchtest. Mach es schriftlich, einfach auf einem Blatt Papier und hänge dir dieses Blatt gut sichtbar an deine Pinwand, an der du täglich vorbei gehst. Was du schriftlich gemacht hast, hat viel mehr Gewicht.

Überstürze nichts. Der erst Schritt ist, den Entschluss zu fassen, etwas zu verändern. Wenn du einmal die Entscheidung getroffen hast, etwas zu verändern, dann fällt schon eine Last von dir ab. Dann geht es nur noch um die Umsetzung. Lass dir Zeit, gehe in die Stille, beginne zu träumen und vertraue auf deine Intuition. Sie wird dir den richtigen Weg zeigen.

Vielleicht träumst du schon länger von einem anderen Job und du weißt schon genau, was das für ein Job sein soll. Großartig, dann hast du schon einen großen Schritt gemacht. Dann geht es jetzt nur mehr darum, wie und in welchen Zeitrahmen du die Veränderung herbeiführen wirst.

Vielleicht bist du ein Mensch, der die Veränderung scheut. Plane es sehr sorgfältig, vielleicht holst du dir Hilfe von einer Berufsberatung. Es gibt öffentliche Berufsberatungsstellen, die dir da weiterhelfen können. Du solltest auch deine finanzielle Situation berücksichtigen. Es kann sein das du für eine Zeit kein oder weniger Einkommen hast. Aber Geld ist nicht alles. Es ist es nicht wert, wegen etwas mehr Geld, deine Lebensqualität zu opfern. Deine Lebensqualität, deine Freude an der Arbeit, deine Selbstverwirklichung, sind weitaus höhere Motive als Geld.

Gerade im Beruf geht es um deine Selbstverwirklichung. Wie ich schon gesagt habe, bin ich der Meinung, jeder hat seinen von Gott zugedachten Platz auf dieser Welt.

Du wirst es in deinem Herzen spüren, ob du an deinem Platz richtig bist. Wenn du an deine Arbeit denkst und du einen absoluten Frieden - und eine Freude damit verbindest, dann ist alles gut. Dann bist du einer der glücklichen, der seinen Platz gefunden hat, zumindest in der Arbeit.

Es geht hier auch um deine Selbstliebe, dass immer ein wichtiges Thema auf deinem spirituellen Weg ist. Wenn du - dein SELSBT, es zulässt das dein Körper - dein Ego, - deine Person als „Vorname Nachname" eine Arbeit verrichtet, die ihn nicht glücklich macht, dann hat das nichts mit Selbstliebe zu tun. Du würdest auch deinem Kind nicht raten, in einer unglücklichen Situation dauerhaft auszuharren, oder? Genauso solltest du das auch nicht von dir erwarten. Ohne Selbstliebe kommst du im spirituellen Prozess nicht weiter. Denk daran: Du bist die geistige Ausdehnung Gottes. Gott ist die Liebe. Wie würde Gott an deiner Stelle handeln. Gott hat nicht gewollt, dass irgendjemand leidet auf dieser Erde. Dieses Leid verursachen wir nur in unserem eigenen Ego, meistens durch Angst. Oder indirekt durch Karma, wenn wir selbst Leid verursacht haben.

Wir glauben oft wir müssen dies und müssen das, nur weil andere das von uns erwarten. Damit begeben wir uns in eine Opferrolle. Und wenn dein Hauptmotiv für deinen Job nur das Geld ist, dann wird dich das auch nicht glücklich machen. Zuerst sorge für dein Glück und deine Selbstverwirklichung - dann wird auch das Geld kein Thema mehr sein.

Das Einzige, was deiner Veränderung im Weg steht, bist du - dein Ego - deine Angst. Entscheide dich für die Liebe, nicht für die Angst. Angst ist nur eine Illusion in deinem Verstand – in deinem Ego. Was noch erforderlich ist, um etwas zu verändern, ist dein Mut. Zum Thema Mut schreibe ich später im Kapitel „Den Mutigen gehört die Welt" noch etwas mehr.

3.

Eine wichtige

Voraussetzung

in meinem spirituellen

Prozess ist, Ordnung

in meinem Leben

zu schaffen.

Dazu gehört auch

der Bereich Arbeit.

Brauchst du noch jemand, oder liebst du schon?

Du ahnst es wahrscheinlich schon, es geht um das Thema Liebe und Partnerschaft. Auch das Thema Liebe und Partnerschaft kann ein Hindernis sein auf deinem spirituellen Weg. Es wird dann zum Hindernis, wenn dich deine Partnerschaft daran hindert, dich selbst zu finden. Wir finden nur durch die Liebe zur Liebe, nein, genauer gesagt, werden wir durch die Liebe zur Liebe.

Ich sagte schon, Gott ist alles was ist, und Gott ist die Liebe. Wenn du ankommst in deinem Prozess, wenn du erleuchtest, dann bist du Liebe. Liebe ist eine Bewusstseinsebene, die wir erreichen, wenn wir die Bewusstseinsebenen hinauf klettern. Wenn du also zur Liebe werden willst, dann solltest du der Liebe folgen.

Was meine ich damit?

In Bezug auf deine Liebe oder Partnerschaft bedeutet das, dass du eine Partnerin hast, weil du sie liebst und nicht, weil du sie brauchst. Die Liebe ist grundsätzlich eine selbstlose Sache, sie liebt der Liebe wegen. Egal, welche sexuelle Ausrichtung du hast, in jeder Art von Liebe ist das Geben wichtiger als das Nehmen.Im Band 1 habe ich schon ausführlich über Selbstliebe gesprochen, sie ist die Voraussetzung, um echte Liebe zu geben und zu verschenken.

Wenn du in einer Partnerschaft bist, dann schau dir deine Partnerschaft einmal genauer an. Stelle dir einmal folgende Fragen und beantworte sie ehrlich für dich. Warum bist du mit deiner Partnerin zusammen? Was wärst du ohne deine Partnerin? Wie würde es dir ohne sie gehen? Würde dir etwas fehlen, wenn sie nicht in

Brauchst du noch jemand oder liebst du schon?

deinem Leben wäre? Freust du dich, wenn sie bei dir
ist? Wie fühlst du dich, wenn sie nicht bei dir ist? Habt ihr
viel Streit? Habt ihr ein gutes Liebesleben? Habt ihr
gemeinsame Hobbys? Habt ihr gemeinsame
Gesprächsthemen? Habt ihr Gemeinsamkeiten? Könnt
ihr gemeinsam Spaß haben? Könnt ihr auch gemeinsam
schweigen? Denkst du oft an eine andere Frau? Fühlst
du dich wohl in ihrer Nähe? Kannst du mit ihr über alles
reden? Kannst du ehrlich sein zu ihr? Kannst du dich ihr
vollkommen anvertrauen? usw.

Worauf ich hinaus will, ist, dass du ab und zu deine
Beziehung überdenkst, dass du eine Inventur machst.
Schreibe die Fragen und Antworten auf Papier, du
kannst es dann besser überblicken und realisieren. Es
geht darum, für dich selbst zu erkennen: Bin ich noch am
richtigen Weg mit meiner Partnerin. Lieben wir uns
wirklich noch? Entwickle ich mich mit meiner Partnerin
noch gemeinsam weiter? Dies ist schließlich der
Hauptgrund, warum man zusammen sein sollte. Wir
haben einen Spiegel vor uns und wir erkennen uns in
unserer Partnerin wieder. Wir zeigen uns gegenseitig,
wo unsere Grenzen sind und wo noch Luft nach oben ist.

Ich möchte dir nicht das Gefühl geben, das deine
Partnerschaft schlecht ist. Das kann ich auch gar nicht,
weil ich sie nicht kenne. Ich wünsche dir eine
wunderbare Partnerschaft, in der ihr euch beide liebt,
euch ergänzt und euch weiterentwickelt. Aber ich weiß
das es oft nicht so ist. Und ich möchte dir helfen, zu
sehen, dass nicht alles gut ist, nur weil es die letzten
Jahr gut war. Ich bin der Meinung, wenn die Liebe geht,
dann ist es Zeit, auch gleich mit zu gehen. Das klingt
zunächst hart, ist es aber nicht. Du verschenkst keine

wertvolle Zeit, für dich nicht und auch nicht für deine Partnerin. Eine Partnerschaft ohne Liebe, was soll das sein? Es ist besser alleine zu sein, als in einer schlechten Partnerschaft. Das Alleinsein hat viele Vorteile, vor allem, dass du dir selbst näherkommst.

Die Gewohnheit ist eine verflixte Sache. Sie veranlasst uns oft, nichts zu verändern, weil es so unheimlich bequem ist. Gerade wir Männer neigen dazu nichts verändern zu wollen. Doch manchmal ist die Veränderung die einzige Sache, die uns weiterbringt. Es muss nicht gleich eine radikale Veränderung sein, manchmal reicht auch ein gutes Gespräch, in dem man sich wieder neu findet, manchmal auch Hilfe von außen.

Es ist nur so wichtig, dass wir nicht in einer Sackgasse stecken bleiben, denn genau dort sind wir in unserem Ego, das Angst hat vor Veränderungen. Unser Ego ist es das uns den einfacheren Weg der Resignation gehen lässt, weil es Angst hat, etwas zu verlieren. Vor allem verlieren wir unser sicheres Umfeld, wir verlieren unser bequemes Dasein und wir verlieren einen Menschen, den wir glauben besessen zu haben. Das Ego hat natürlich auch Angst, allein zu sein. Es fühlt sich von Gott getrennt und kennt die Einsamkeit nur zu gut. Wenn du auch jemand bist, der mit dem Alleinsein nicht zurechtkommt, dann bist du in guter Gesellschaft. Die einfachste Art mit dem Alleinsein zurecht zu kommen, ist, einfach allein zu sein. Wenn du zurzeit allein bist, kannst du es ohnehin nicht ändern, dann beobachte, wie sich dein Ego jetzt fühlt, nimm deine Gefühle bewusst wahr. Bemitleide dich so richtig, steigere dich richtig in deinen Schmerz hinein, fühle wo in deinem Körper der Schmerz sitzt. Nach einer Zeit wirst du merken, dass dieses Gefühl einfach verschwindet, du hast es transformiert.

Es ist wichtig für deine spirituelle Weiterentwicklung, dass du mit dem Alleinsein umgehen lernst. Du wirst in deinem weiteren Leben noch des Öfteren Alleinsein, und du wirst merken, dass es wunderschön sein kann. In Wirklichkeit bist du ja nicht allein, nur dein Ego glaubt das, weil es sich als ein von Gott getrennter Körper wahrnimmt.

Es wird Zeit, dass du dir Bewusst wirst, dass du kein Körper bist, sondern ewiger göttlicher Geist, mit allem verbunden, vor allem mit Gott. In Wirklichkeit hast du immer Gott dabei, Gott ist dein ständiger Begleiter, er ist dein SELBST. Du hast den Geist Gottes in dir - er ist das Leben, - Gott ist alles was ist. Wenn du einmal in dein SELSBT kommst, ist da von Einsamkeit keine Spur mehr. Im Gegenteil, du ziehst es vor, allein zu sein, du bist im Alleinsein angekommen und glücklich dabei. Das ist so, weil du bei dir angekommen bist - bei deinem Selbst, - bei Gott. Du hast dich selbst gefunden.

Es lohnt sich also diesen Weg weiterzugehen, mit Bewusst-SEIN, der formlosen Meditation und wenn du schon bereit bist mit der Vipassana-Meditation. Mit der Meditation ist es so wie mit dem Alleinsein. Wenn du es einmal eine Zeit lang praktizierst, wirst du sehr gestärkt daraus hervor gehen. Es wird dein Leben verändern, weil sich dein Ego verändert, weil du aus deinem Ego rauskommst und immer mehr in dein Selbst kommst.

Wenn du zurzeit in einer Partnerschaft bist und du bist glücklich damit, ist das hervorragend. Eine Partnerschaft ist auch immer eine Chance, zu wachsen und zu lieben. Wir können in unserer Partnerschaft die Liebe lernen. Je nachdem wie lange ihr schon zusammen seid, wird eure Liebe noch frisch und leidenschaftlich sein oder es ist schon eine herzliche und beständige Liebe daraus geworden.

Die romantische Liebe in einer Partnerschaft ist nicht immer eine Konstante. Sie ist dynamisch und instabil, mal leidenschaftlicher, mal herzlicher, mal ruhiger und mal vertrauter, das macht den Reiz der Liebe aus. Es werden auch Zeiten kommen, in denen die Liebe nicht so stark ist. Dann gehe bewusst an die Sache heran und betrachte deine Partnerin einmal ganz genau mit den Augen der Liebe. Halte dir vor Augen, was du einmal an ihr geliebt hast. Du wirst dies noch immer lieben, nur du siehst es jetzt anders, es wird selbstverständlicher. Sprich es an, frage Sie, wie sie sich fühlt, sage ihr wie sehr du sie noch immer liebst. Auch wenn du zurzeit nicht das Gefühl hast, das deine Liebe sehr stark ist, kann ein bewusst ausgesprochenes „Ich liebe dich noch immer sehr" Wunder wirken. Dazu eine zärtliche Umarmung wird dir und deiner Partnerin ein sehr gutes Gefühl der Nähe zueinander geben. Durch solche bewusst eingesetzten Worte und Gesten kannst du die Liebe wieder neu entfachen. Du nimmst die Sache selbst in die Hand, das ist gut so.

Wir sollen kein Opfer unserer negativen Gefühle sein, wir sollen sie wahrnehmen und anschauen und dadurch transformieren. Aber durch dein bewusstes denken, durch deinen starken Geist, steigst du aus der Versklavung deines Egos aus. Du beginnst selbst zu entscheiden, was du denkst und in weiterer Folge was

Brauchst du noch jemand oder liebst du schon?

du fühlst. Du beginnst ein Selbstbewusstes, freies Leben. Emotionale Abhängigkeiten werden dir fremd.

Die Liebe in einer Partnerschaft kann man lernen, aber zuerst ist es wichtig, zu lernen, dich selbst zu lieben. Der Titel dieses Kapitels, „Brauchst du noch jemand, oder liebst du schon" bezieht sich in erster Linie auf deine Selbstliebe. Den nur wenn du dich selbst liebst, dann wirst du unabhängig, und bist auf Liebe von außen nicht mehr abhängig. Du brauchst dann in der Tat niemanden mehr, weil du alles in dir hast, weil du dich selbst gefunden hast. Wenn deine Selbstliebe groß genug ist, dann bist du bereit, wirklich auch andere zu lieben - dann wirst du zur Liebe. Deshalb schauen wir uns die Selbstliebe nochmal genauer an.

4.

Auf meinem

spirituellen Weg, werde ich

mir meiner SELBST bewusst.

Ich werde emotional unabhängig

und löse mich davon,

jemand zu

brauchen.

Die Selbstliebe lernen

Die Selbstliebe ist ein sehr wichtiger Baustein in deinem spirituellen Prozess und allgemein in deinem Leben. Wenn es dir an Selbstliebe fehlt, dann kann das ein echtes Hindernis auf deinem Weg sein. Die Selbstliebe ist quasi das Fundament, auf dem sich alles aufbaut. Ohne diesem Fundament, kommst du nicht weiter.

Als Mensch sind wir ein kleines Universum, wir sind ja das Ebenbild Gottes. Das heißt, eigentlich benötigen wir nichts von außen, wir haben alles in uns, was wir zum Leben brauchen. Unser geistiges „Selbst" ist aus sich heraus überlebensfähig. Lediglich dein Körper benötigt Nahrung, Wärme und Liebe, um zu überleben. Wenn ich sage, dein Körper, dann meine ich auch dein Ego, den das ist an deinem Körper gebunden. Es nimmt sich als Körper wahr, als von Gott getrennter Körper. Es ist auch dein Ego, das die Liebe braucht, erst dann fühlt es sich wohl und geborgen. Du kannst deinem Ego über deinen Körper die Liebe schenken, die es braucht.

Wie schenkt man Liebe? Also, ich würde behaupten, durch gemeinsame Zeit, ungeteilte Aufmerksamkeit, Zärtlichkeiten, Streicheleinheiten, Zuneigung, Geschenke, nette Worte und Gesten und durch die körperliche Liebe. Jeder spricht auf etwas anderes mehr an. Der eine wünscht sich mehr ungeteilte Aufmerksamkeit und der andere mehr Zärtlichkeiten.

Überlege doch mal, was dir am meisten gefällt, was sind für dich echte Liebesbeweise und wieviel schenkst du dir davon selbst? Gehen wir es einmal nacheinander durch. Verbringst du Zeit mit dir allein? Hast du ungeteilte

Aufmerksamkeit mit dir selbst, also Zeit nur mit dir alleine? Zeit, in der du dich nicht mit anderen Dingen von dir selbst ablenkst. Nicht mit Fernsehen, mit Lesen, oder mit dem Handy, etc.

Du bist es vielleicht gar nicht gewohnt, ungeteilte Aufmerksamkeit nur mit dir allein zu haben. Ich sage dir, das ist sehr schade, weil genau diese Zeit ist eine ganz wertvolle Zeit. Ich genieße diese Zeit sehr, und ich nehme mir jeden Tag mindestens eine halbe Stunde dafür Zeit. Das muss nicht am Stück sein, aber immer wieder so 10 Minuten, und vor allem am Abend, bevor ich ins Bett gehe, sitze ich in meinem Bett, schließe die Augen und fühle ganz tief in mich hinein. Ich will jeden Tag wissen, was mit mir los ist, wie es mir geht. Das kann ich nur erfahren, wenn ich in der Stille, in mich hinein fühle. Wenn es irgendwelche Ungereimtheiten am Tag gegeben hat, dann beschäftigt mich das vielleicht noch am Abend. Dann ist jetzt die Zeit gekommen, um mit diesen Ungereimtheiten Frieden zu schließen. Ich denke die Situation nochmals durch, und wenn es noch etwas zu klären gibt, dann kläre ich das jetzt in meinem Kopf. Vielleicht muss ich mir für den nächsten Tag noch etwas notieren, um zu diesem Thema noch etwas zu erledigen. Dann notiere ich mir das, sodass ich das jetzt vor dem Schlafen gehen, loslassen kann.

Diese Übung habe ich schon im Band 1 angesprochen, es ist das „Gedankenzimmer aufräumen". Ich würde dir das sehr empfehlen, du schließt mit dir Frieden, jeden Tag, und du bist ganz bei dir. Du kümmerst dich sozusagen nur um dich, das ist eine liebvolle Geste an dich selbst. Mach diese Übung, bis du absoluten Frieden in dir spürst. Manchmal reicht es einfach dein Denken zu beobachten, ohne irgendetwas hineinzuinterpretieren. Dein Denken wird dann ruhig, und du kommst zur Ruhe, und in den Frieden. Andere Menschen schauen am Abend in den Fernseher. Sie sehen sich vielleicht noch einen Krimi an und dann legen sie sich schlafen. Ihr Verstand hätte es zu dieser Zeit wahrscheinlich nötig, zur Ruhe zu kommen, aber sie füttern ihn weiterhin mit Informationen, die aus dem Fernseher kommen. Stattdessen ist die Stille genau das, was dein Verstand nach einem langen Tag braucht. Dein Verstand braucht Stille, und du - dein Ego - brauchst etwas ungeteilte Aufmerksamkeit, um sich geliebt zu fühlen.

Ich würde dir auch empfehlen, einmal ganz allein ein paar Tage weg zu fahren. Ich habe das in den letzten Jahren immer wieder gemacht. Ich habe zum Beispiel einen viertägigen Radurlaub gemacht und die schönsten Seen Österreichs mit dem Rad umrundet. Es war eine wunderbare Zeit, nur mit mir allein.

Gehe mit dir selbst eine echte Liebesbeziehung ein. Wenn du eine Partnerin hast, fährst du doch auch mit ihr in den Urlaub, oder nicht? Warum solltest du dann nicht auch immer wieder nur Urlaub mit dir allein machen. Diese Urlaube sind eine echte Bereicherung für dich. Vielleicht kannst du dir das noch nicht vorstellen, weil du es nicht gewohnt bist. Aber probiere es einmal aus. Fang einmal mit kleineren Urlauben an: Buche einmal 2 Nächte in einem schönen Hotel oder in einer Frühstückpension. Fahre an einen Ort, wo es dir sehr gut gefällt, vielleicht an einen schönen See. Ich persönlich liebe es, an einem See zu sein, deshalb fahre ich zu einem See. Mach das, was dein Herz zum Tanzen bringt. Vielleicht ist es bei dir ein Städtetrip, oder ein

Wanderurlaub in den Bergen. Es geht dabei darum, dass du Zeit mit dir allein verbringst. Das ist keine Bürde, sondern eine wunderbare Gelegenheit, dir selbst näher zu kommen. Wenn du dich selbst finden möchtest, dann geht das nur über die Zeit mit dir allein und über die Selbstliebe.

Schauen wir uns die Zärtlichkeiten, Streicheleinheiten und die Zuneigung an. Auch das sind Annehmlichkeiten, die dein Ego braucht und die du ihm geben kannst. Nimm dir mal eine halbe Stunde Zeit und setze dich nackt auf dein Bett. Mach es dir ganz gemütlich, komme zur Ruhe, höre auf zu denken. Schau dich an, wie schön du bist, streichle dir über deine Oberschenkel, über deinen Bauch und umarme dich einmal selbst. Genieße diese Umarmung, schließe vielleicht die Augen dabei und fühle ganz intensiv in dich hinein, wie schön und angenehm das ist. Sprich dabei mit sanfter Stimme zu dir, „Ich liebe dich, ich bin für dich da, mein lieber Körper".

Du hast mit deinem Körper eine ganz enge Verbindung. Eine engere Verbindung gibt es gar nicht. Du bist mit deinem Körper mit jeder Körperzelle verbunden. Dein Geist, der du bist, wohnt in deinem Körper, dein ganzes Menschenleben lang. Danach trennst du dich wieder von deinem Körper und gehst deine eigenen Wege. Aber bis zu diesem Tag ist es deine Pflicht, deinen Körper zu lieben. Wer soll es denn sonst für dich tun? Wenn du deinen Körper nicht liebst, dann wird es anderen auch schwerfallen, deinen Körper zu lieben. Du strahlst diese unliebsame Einstellung nämlich aus. Es läuft aber auch umgekehrt: Wenn du deinen Körper liebst, dann wird es auch anderen sehr leichtfallen, deinen Köper und dich zu lieben. Du wirst richtig anziehend für andere.

Mir ist schon klar, dass wir nicht alle Supermodels sind und unsere Problemzonen habe, aber darum geht es dabei nicht. Auch ich hatte mit meinem Körper so meine Probleme und war unzufrieden, und genau deshalb weiß ich, dass mein Körper dann erst recht meine Liebe benötigt. Es geht hierbei grundsätzlich nicht ums gute Aussehen - abgesehen davon ist das immer sehr subjektiv. Du hast jetzt nun mal nur diesen einen Körper, und du kannst lernen, ihn zu lieben. Die positiven Auswirkungen deiner Selbstliebe wirst du dann auch am eigenen Leib spüren. Wenn du der Meinung bist, dass bei deiner Selbstliebe noch Luft nach oben ist, dann würde ich dir die oben beschriebene Übung für die nächsten 4 Wochen jeden Tag empfehlen. Bleibe bei deiner Umarmung zumindest 15 Minuten. Wer weiß wohin das sonst noch führt? Lass dich überraschen.

Dann wären wir jetzt bei den Geschenken, netten Worten und Gesten. Wann hast du dich das letzte Mal beschenkt? Ich meine, mach dir einmal eine Freude. Kauf dir ein schönes Teil - einfach so, einfach weil du dir heute eine Freude machen willst. Das braucht nichts besonders Teures zu sein, es geht um die nette Geste. Wenn du etwas Besonderes geleistet hast, dann belohne dich auch dafür. Gehe vielleicht besonders gut essen. Verwöhne dich einfach, so wie du es magst.

Zu den netten Worten und Gesten möchte ich dir raten: Beobachte einmal, wie du mit dir sprichst. Wir führen ja alle Selbstgespräche, das ist auch gut so. Aber ich wundere mich manchmal, wie Menschen mit sich umgehen und mit sich selbst reden. Passiert es dir auch öfters, dass du mit dir schimpfst und dich selbst beleidigst? Vor allem, wenn einen etwas misslingt kann das leicht passieren. Wir fluchen und schimpfen dann manchmal über uns selbst, und wir merken es gar nicht. Das einmal etwas schiefgeht, ist ganz normal. Da würde ich einen guten Freund nicht beschimpfen und mich auch nicht. Grundsätzlich macht der Ton die Musik. Um nicht schnell die falschen Worte zu verwenden, sollten wir lernen, schnell zu denken, aber langsam zu sprechen. Je bewusster wir hier werden, desto besser. Es kommt einen schnell mal das falsche Wort über die Lippen, dass wir im Nachhinein bereuen. Das können wir üben: Nicht immer sofort zu reagieren, sondern zuerst überlegen und dann reden.

Grundsätzlich bin ich der Meinung das wir uns immer selbst unsere Fehler verzeihen sollen. Das wir immer geduldig und rücksichtsvoll mit uns umgehen sollen – so, wie wir das von anderen erwarten. Sich selbst zu beschimpfen, ist genauso taktlos, wie wenn wir andere beschimpfen würden. Bewusstsein und Achtsamkeit ist die Voraussetzung dafür.

Die körperliche Liebe ist natürlich auch ein wichtiger Punkt beim Thema Liebe und Selbstliebe. Wenn du eine Liebesbeziehung eingehst, wirst du auch die körperliche Liebe machen wollen. Das ist gut so, denn das ist ein wesentlicher Akt der Liebe, den wir als Menschen mit unserem Körper machen können. Die Natur hat uns so geschaffen, dass wir uns mit unseren Körpern selbst und gegenseitig lieben und verwöhnen können. Und so wie in einer Paarbeziehung kannst du auch allein dir deine Liebe und deine Wonnen schenken. Nimm zum Beispiel ein angenehmes Bad, schenke dir Zeit, streichle und verwöhne dich. Mach es mit Genuss, gehe langsam dabei zu Werke. Versuche, deine Lust zu zügeln. Wenn du deine Lust zügelst, kannst du als Mann lernen, deine Energie nach oben zu leiten. Du kannst allein lernen, deinen Orgasmus zu kontrollieren. Dann kannst du auch in einer Liebesbeziehung der Frau mehr Lust schenken. Es gibt dazu gute Bücher - siehe auch im Literaturverzeichnis am Ende dieses Buches.

Liebe kommt auch von Liebe machen. Sex ist die schönste und intensivste Art, mit unseren Körpern unsere Liebe auszudrücken. Das ist auch in der Selbstliebe so. Es sollte auch dein Herz dabei sein und nicht nur eine reine Triebbefriedigung darstellen. Herzlicher und schöner kannst du es dir gestalten, wenn du dir zum Beispiel ein paar Kerzen anmachst.

Zum Ende dieses wunderbaren Kapitels möchte ich dir noch sagen: Du bist wunderbar und einzigartig. Du bist gottgewollt, genauso wie du bist. Die göttliche Ausdehnung hat viele Gesichter - du bist eines davon. Lerne dich so zu akzeptieren und zu lieben, wie du bist, ohne Wenn und Aber. Es gibt keinen Weg daran vorbei.

5.

Die Selbstliebe

ist eine wunderbare und

wichtige Erfahrung auf meinem

spirituellen Weg.

Sie öffnet mir

das Tor um in meinem

Selbst

anzukommen.

Dein starkes Ego

Wir haben schon im ersten Kapitel über das Ego gesprochen. Jetzt werde ich nochmal ins Detail gehen, weil dein Ego dein größtes Hindernis auf deinem spirituellen Weg darstellen kann. Dein Ego ist dein ICH in dieser materiellen Welt. Es ist davon überzeugt, dass nur diese Welt existiert und dass du ein von Gott getrennter Körper bist. Das macht deinem Ego Angst, deshalb kämpft es vehement um sein Überleben in dieser materiellen Welt. Es will um jeden Preis überleben und deshalb macht es sich so stark. Es ist ständig auf der Hut und kümmert sich um sein Überleben, indem es nach Sicherheit, Macht, Ruhm, Erfolg, Anerkennung und Liebe, ringt.

Dieses „Ringen ums Überleben" kann uns sehr zu schaffen machen. Wir strampeln uns ab, wollen erfolgreich sein, suchen Liebe und Anerkennung im außen und häufen finanziellen Reichtum an. All das gibt uns das Gefühl der Sicherheit, dass unser Ego so dringend braucht.

Dieser Erfolg, diese Sicherheit und diese Liebe im Außen, sind zwar schön für unser Ego, aber unser Ego ist nur an der Oberfläche angesiedelt. Es ist ein Teil unseres Verstanden, es ist nicht unser SELBST. Es ist eine vermeintliche Sicherheit, die wir hier im Außen finden, weil es im Grunde in der materiellen Welt keine Sicherheit gibt. Dies ist ein Denkfehler unseres Egos, und deshalb kommt es auch nicht zur Ruhe. Die materielle Welt ist im ständigen Wandel, und eine ewige Sicherheit ist hier nicht zu finden.

Im Grunde brauchen wir diese Sicherheit im Außen auch
nicht zu suchen, weil wir nicht das sind, wofür sich unser
Ego hält - nämlich ein von Gott getrennter Körper.
Körper kommen und gehen, wir können plötzlich krank
werden, Häuser zerfallen, weil Sie von Katastrophen
heimgesucht werden, Beziehungen gehen in Brüche, wir
verlieren unseren Job, etc. etc. Das Leben kann uns
jederzeit einen Strich durch die Rechnung machen. Wo
ist da die Sicherheit? Ich sehe keine. Je mehr wir uns
diesem Sicherheitswahn hingeben, umso schwieriger
machen wir es uns. Das heißt, je mehr wir in unserem
Ego-Denkstrukturen gefangen sind, umso schwieriger
machen wir es uns. Wir sind der Sklave unseres Egos,
das nicht weiß, wer wir wirklich sind.

Wenn du dich auf einem spirituellen Weg befindest,
dann kann dein Ziel nur sein, aus diesem Ego Denken
auszusteigen. Du willst dich Selbst finden - du willst
erkennen, wer du wirklich bist und willst aus diesem
Ego-Denkstrukturen aussteigen. Du erkennst im Laufe
deines Weges, was dein SELBST ist, und beginnst aus
deinem Selbst heraus - aus deinem Bewusstsein, zu
denken. Dein Bewusstsein zu stärken ist der einzige
Weg, um aus deinem Ego auszusteigen. Dein Ego wird
zur Nebensache, es wird dein Begleiter bleiben, aber es
wird dich nicht mehr führen. Du wirst dein Ego führen, du
wirst aus deinem SELBST, deine Entscheidungen
treffen. Du wirst der Liebe folgen und nicht der Angst.

Dein SELBST ist nicht von dieser materiellen Welt, es ist
reines Bewusstsein, es ist angebunden an die geistige
Welt. Es ist deine Essenz - dein ewiges göttliches SEIN.
Um dein Selbst zu stärken - um in dein Selbst zu
kommen, hilft dir die Meditation, wie im Band 1

ausführlich beschrieben. Vor allem in der Vipassana-Meditation, kannst du dein Ego Denken beruhigen und in dein Selbst kommen. Wenn du mit der Meditation beginnst, werden noch viele oder einige Gedanken in deinem Kopf unwillkürlich herum kreisen. Alles das, womit sich dein Ego - dein Verstand beschäftigt. Es braucht Zeit, bis sich dieses Denken beruhigt. Wenn du völlig bewusst bist, und deine Gedanken wahrnimmst, kannst du mit etwas Übung jederzeit entscheiden dieses Denken, einzustellen. Es ist dein völliges Bewusstsein vonnöten, um auf deine Gedanken einzuwirken.

Es ist eine wunderbare Erfahrung, wie du in der Meditation mit deinem völligen Bewusstsein die Herrschaft über dein Ego übernehmen kannst und dieses Denken stoppen kannst. Du kannst dann sofort diese reine Stille wahrnehmen, diese mentale Stille in deinem Kopf. Du spürst gleichzeitig, wie dein Geist in jeder Köperzelle präsent ist. Es ist eine SELBST-erfahrung und fühlt sich sehr kribbelig auf der Haut an. Bleibe in diesem Zustand der Stille so lange wie möglich. Auch wenn wieder Gedanken auftauchen, jetzt ist nicht die Zeit zum Denken. Übernimm wieder bewusst die Herrschaft über dein Ego-Denken.

Wenn du in diese Stille eintauchst, in diesen geistigen Raum der Begegnung mit Gott - mit dem Leben, dann stärkst du dein SELBST. Wenn du dein Selbst stärkst, wird gleichzeitig dein Ego schwach. Du stärkst dein Selbst deshalb, weil du dir hier deines Selbst bewusstwirst. Du erkennst deinen Geist - deine Essenz, und machst die Erfahrung, dass du deinem Ego-Denken nicht mehr hilflos ausgeliefert bist. Du erkennst erstmals, dass das nicht du bist, der da ständig denkt. Es ist eine

Instanz in dir, die unwillkürlich denkt, es ist dein Ego-Denken. Bleib wenn möglich, eine Stunde in der Meditation. Wiederhole besonders am Anfang die Meditationen. Nimm dir für einen Zeitraum von mehreren Monaten vor, wenn möglich jeden Tag, oder zumindest an deinen freien Tagen, zu meditieren. Beachte dabei, das du nicht zu müde bist. Wenn möglich, meditiere am Vormittag. Je mehr du in diesem stillen Raum bei Gott bist, desto mehr wirst du erkennen, dass dir das Leben in die Karten spielt. Du verbindest dich in der Meditation mit Gott - mit dem Leben selbst - mit der Schöpfung. Das dankt dir das Leben unmittelbar, du wirst es merken. Das Leben greift dir plötzlich unter die Arme, du erhältst Hilfe von oben, wenn man so will. Die Meditation ist die stille Hingabe an das Leben - an Gott. Du findest in der Meditation wieder Anschluss an die göttliche Ordnung und universelle Intelligenz. Du kannst in der Mediation, mit Gott kommunizieren. Dazu braucht es keine Worte, ein paar ausgewählte Gedanken sind genug. Die besten Ideen und Eingebungen habe ich immer in der Meditation. Es ist wichtig, dass du dran bleibst, dass du weiter machst. Dein Ego wird schwach heißt, dass deine Angst auch schwach wird. Diese ständigen Gedanken, Sorgen und Ängste werden weniger. Du erkennst allmählich, wie unwichtig deine ständigen Bemühungen waren. Du beginnst dich endlich selbst zu lieben. Du erkennst auch, dass dieses materielle Leben einfach nur ein Spiel ist, nicht mehr und nicht weniger. Ein vorübergehendes Spiel, das in ein paar Tagen wieder vorbei ist. Du bist das ewige Leben - reines ewiges Bewusstsein, das ist dein SELBST. Du kommst in einen unendlichen Frieden, den du im Außen nicht finden kannst.

6.

Durch die

Meditation erkenne

ich mich selbst.

Sie ist das

Tor zur geistigen

Welt, wo ich Gott

begegnen

kann.

Den mutigen gehört die Welt

Eine Eigenschaft, die für deinen spirituellen Weg auch sehr wichtig ist, ist der Mut. Fehlender Mut kann auch ein Hindernis sein, um in deinem Leben weiterzukommen. Was du auch ändern willst in deinem Leben, es verlangt dir immer Mut ab, neue Wege zu gehen. Das Ego ist da nicht immer ein guter Berater, es neigt dazu, in gewohnter Manier weiterzumachen.

Bei einer Veränderung bedarf es aber immer an Mut, und dieser Mut macht sich bezahlt. Wenn sich eine Türe schließt, öffnet sich meist eine andere, und meist ist es die Tür zu einem besseren Leben, die sich da öffnet. Mut wird immer belohnt, da kannst du dir sicher sein. Wenn du Angst hast vor der Veränderung, ist es wichtig, dass du deine Angst wahrnimmst, dass du sie spürst. Es ist normal, das dein Ego Angst hat. Es ist dein kleines Kind in dir, das du da spürst. Mut ist auch eine Sache deines starken Geistes und deines Selbstbewusstseins.

Der Grund für anhaltende Missstände in unserem Leben ist oftmals unser mangelndes Selbstbewusstsein und unser mangelnder Mut. Dieses Selbstbewusstsein kannst du auch stärken in der Meditation. Dieses Wort „Selbstbewusstsein", setzt sich zusammen aus dem Wort „SELBST" und „BEWUSSTSEIN". Die deutsche Sprache ist die klare Sprache, und wie so oft in der deutschen Sprache, haben die Worte eine tiefgründige Bedeutung. Das Wort „Selbstbewusstsein" hat die Bedeutung das wir uns unseres SELBST bewusst sind. Das heißt, wir wissen, was unser SELBST ist, und sind uns dessen bewusst. Ich wiederhole es gerne noch einmal: Unser SELSBT ist geistiger Natur - es ist die göttliche Ausdehnung - dein ewiges SEIN - dein Bewusstsein. Es ist der ewige Anteil an dir, deine göttliche Präsenz - es ist Liebe. Du erkennst es am besten in der Meditation.

Dein kleines ICH, das ist dein Ego. Es ist nur auf deine Person bezogen, das sieht nur den sterblichen Körper in dir und hat Angst vor dem Tod. Wenn du also mutiger und Selbstbewusster werden möchtest, dann ist es an der Zeit, einmal zu erkennen, dass du nicht dieses kleine sterbliche Ego bist, dieses Ego, das unentwegt Angst hat. Du musst manchmal über diese Angst hinaus gehen, du musst über deinen Schatten springen.

Wenn du noch immer denkst, du bist ein materieller Körper - du bist dieses Ego - diese Stimme in dir die Angst hat, dann ist es an der Zeit, eine Korrektur in deinem Geiste - in deinem Bewusstsein - vorzunehmen.

Durch regelmäßiges Bewusst SEIN und Meditation, wie du es schon kennen gelernt hast findest du zu deinem SELBST. Weniger Denken, mehr Stille und Meditation, werden deinen Kopf frei machen. Einfach SEIN, ohne denken, ohne tun ist deine wahre Natur. In der geistigen Welt gibt es keinen Lärm, keine Hetze, keinen Stress. Hier gibt es den Frieden, die Freude und die Liebe.

Im „Bewusst SEIN" kannst du lernen, alles um dich herum fallen zu lassen. Du kannst dich auf dein reines, klares, SEIN - deinen inneren Frieden - reduzieren. Nimm dir jeden Tag eine halbe Stunde Zeit, nur für dich in der Stille zu sein. Mach das einmal ein Monat lang, versuche es, du wirst eine Veränderung bemerken.

Stecke dir Ziele: Wie lange möchtest du jeden Tag
meditieren, für welchen Zeitraum?

Wenn du dir allmählich deiner Selbst bewusst wirst,
dann wirst du deine Gewohnheiten verändern. Du wirst
dich nicht mehr so einfach manipulieren lassen. Du wirst
deine Meinung vertreten, du wirst ruhiger und
gelassener werden, und du wirst mutiger werden. Dieses
Herumhetzen, dieses Abstrampeln, diese Opferrolle und
diese Suche nach Aufmerksamkeit und Liebe im Außen
werden nachlassen. Du wirst tatsächlich
selbstbewusster. Das ist eine Grundvoraussetzung, um
mutiger zu werden und Eigenverantwortung für dich zu
übernehmen, um in deinem Leben etwas zu verändern.

Das Leben ist immer Veränderung, dass ist das Wesen
des Lebens. Wenn der Wind der Veränderung weht,
bauen manche Mauern, und andere bauen Windmühlen.
Nur mit Mut zur Veränderung können wir auch unser
Leben verändern und verbessern.

Wenn wir von Mut sprechen, sprechen wir aber nicht von
Leichtsinn. Du musst bei deinen Veränderungen einen
Plan haben und nichts überstürzen. Ein guter Plan ist
der halbe Erfolg. Lass dir Zeit, gehe in die Meditation,
vertraue auf deine innere Stimme. Sie ist die Stimme
deines Herzens. Entscheide nicht alles mit dem
Verstand, nimm dir die Veränderung vor und warte ab.
Wenn du von deinem Denken aussteigst, kommst du in
dein Selbst. Du gibst Gott mehr Raum zu arbeiten; der
Heilige Geist nimmt mehr Raum ein in dir. Dies ist immer
eine Hilfe von oben, wenn man so will. Sei offen und
bereit für Veränderungen, aber lass es geschehen.

Wenn du nach und nach dein Leben anschaust, und beginnst, deine Probleme zu lösen, dann wirst du auch weniger zu denken haben. Wo Frieden ist, gibt es nichts zu denken und nichts zu grübeln. Unser Denken beschäftigt sich hauptsächlich mit unseren Problemen und mit unseren Ängsten. Stelle dir vor, alle deine Probleme wären gelöst, du bist im absoluten Frieden mit dir und der Welt. Worüber würdest du dann denken? Ich vermute, es wäre sehr klar in deinem Kopf, und du würdest einfach den Moment genießen. Du kannst diesen Zustand erreichen - es ist nur eine Frage des Willens und bedarf deiner Entscheidung, diesen Frieden herbei führen zu wollen.

Wenn du Probleme hast, wenn du in irgendeiner Form leidest, sind das tatsächlich Hindernisse auf deinem spirituellen Weg. Du musst sie aufräumen, darüber kommst du nicht hinweg.

Es geht nicht von heute auf morgen, es braucht Zeit. Aber du musst Entscheidungen treffen. Du musst dir Pläne zurechtlegen, und du musst dir Termine zurechtlegen, wann du was in Angriff nimmst. Vielleicht holst du dir auch Hilfe von außen. Niemand hat es verdient zu leiden - du nicht und auch sonst niemand auf dieser Welt. Wir sind alle Kinder Gottes und haben ein Recht auf Freiheit, Freude und Liebe. Auch aus Gründen der Selbstliebe bist du dir das schuldig.

7.

Auf meinen

spirituellen Weg,

werde ich zunehmend

selbstbewusster und mutiger.

Das hilft mir wieder

neue Veränderungen

in meinem Leben

einzuleiten.

Leben ist Veränderung

Das Leben, von dem wir alle ein Teil davon sind, ist grundsätzlich Veränderung. Unser Ego jedoch liebt es meist, in gewohnten Strukturen zu verharren. Es vermeidet Veränderungen, weil es Angst hat, es möchte die Sicherheit des Gewohnten nicht verlieren. Auch wenn das Gewohnte nicht unseren Vorstellungen von Glück und Freude entspricht und oftmals eher einem Kampf mit dem Leben gleicht, ist unser Ego trotzdem geneigt, in diesen Strukturen zu verharren. Es gleicht oft einem Schrecken ohne Ende, statt einem Ende des Schreckens.

Je nachdem auf welcher Bewusstseinsebene sich der Mensch befindet, überwiegt die Angst vor Veränderung, dem Drang und dem Mut, etwas zu verändern. Wir bleiben dann in unseren gewohnten Mustern und Strukturen stecken, und dies kann langfristig sehr belastend sein. Der Körper signalisiert uns vielleicht schon seit langem, das eine Veränderung angesagt ist. Aber sie werden nicht gehört. Die Signale, die unser Körper aussendet, sind meist Schmerzen, manchmal auch chronische Schmerzen, bis hin zur Krankheit. Unser Körper ist ein intelligentes Instrument und weiß meist besser, was für uns gut ist, als wir mit unserem Verstand.

Unser Ego sitzt auch in unserem Verstand, und dieser wird von unserem Ego stark beeinflusst. Deshalb treffen wir unsere Entscheidungen, wenn wir sie aus dem Verstand treffen, immer auch mit dem Ego. Das heißt: Aus der Angst heraus. Denn die Natur unseres Egos ist es, Angst zu haben. Natürlich - es fühlt sich als sterblicher Körper, der von Gott getrennt ist. Der bessere Weg wäre es, unsere Entscheidungen mit dem Herzen zu treffen. Unser Herz ist angebunden an die Liebe - an Gott. Es ist der richtige Kompass für unser Leben. Wenn wir beginnen, auf unser Herz zu hören, haben wir einen guten Berater an unserer Seite. Das Herz kennt keine Angst, es kennt nur die Liebe. Die Angst und die Liebe stehen sich immer gegenüber. Wo die reine Liebe ist, kann keine Angst mehr sein, und umgekehrt.

Die Angst kommt immer aus dem Ego, zweifellos. Wenn du die Angst spürst, egal in welchem Zusammenhang, dann weißt du, das hier dein Ego aktiv ist. Beobachte die Angst, ja, erkenne an, dass dein Ego jetzt Angst hat und dann gehe durch die Angst hindurch. Durch die Angst hindurchzugehen bedeutet, du folgst deinem Herzen und nicht deinem Ego. Du wirst sehen, die Angst war unberechtigt. Gleichzeitig lernt dein Ego, dass du es nicht mehr ernst nimmst. Es wird Zusehens ruhiger werden, weil es erkennt, dass es nichts bringt, dir Angst zu machen, weil du nicht mehr darauf reagierst. Dein Geist wird stärker, du bist über dein Ego hinaus gegangen, in dein Selbst. Du entscheidest immer öfter aus deinem Selbst - aus der Liebe heraus - aus deinem Herzen.

Dies ist der Beginn einer neuen Lebensqualität. Du kannst auf diese Art Veränderungen leichter herbeiführen, weil du deine Angst, also dein Ego überwindest. Du bekommst mehr Vertrauen ins Leben und wirst selbstbewusster. Ich habe schon erklärt, was Selbstbewusst eigentlich bedeutet. Du wirst dir deiner SELSBT bewusst. Das strahlst du auch aus und hast eine innere Sicherheit, weil du allmählich erkennst, wer du wirklich bist und das deine Angst eine Illusion ist. Dieses Selbstbewusstsein ist echt und hat nichts mit einem überzogenen männlichen oder kompetenten Auftreten zu tun. Es gibt auch ein unechtes Selbstbewusstsein, dieses aufgesetzte, dass man mit echtem Selbstbewusstsein leicht verwechseln kann, wenn man den Unterschied nicht kennt.

Dieses unechte, vermeintliche Selbstbewusstsein, das manche Menschen ausstrahlen, ist eine Fassade, die ihr Ego sich zurecht gelegt hat, um nicht, oder weniger angreifbar zu sein. Es ist ein Zur-Schau-Stellen von Coolness, Macht und Reichtum, meist verbunden mit viel bla-bla-bla und einem makellosen Auftreten. Menschen mit diesem falschen, aufgeblähten Selbstbewusstsein, haben meist ein sehr starkes Ego, wissen nicht, wer sie sind, und sind in Wirklichkeit sehr ängstlich. Sie fahren oft ein großes teures Auto, haben die besten Outfits und die schönsten Immobilien. Andere haben stählerne Muskeln und die schönsten Frauen an Ihrer Seite. All das, was ihr Ego braucht, um sich sicher und stark zu fühlen. Es ist ein Selbstbewusstsein an der Oberfläche, nicht in ihrem inneren, nicht in ihrem Bewusstsein. Eigentlich sollte diese Art von Selbstbewusstsein nicht Selbstbewusstsein heißen, sondern Ego-Bewusstsein.

Dein echtes Selbstbewusstsein, ist eine innere Gelassenheit und Ruhe. Ein angekommen sein in deinem SELBST,- ein angekommen sein bei Gott. Das ist ein Teil deines spirituellen Prozesses, wenn du das erreichst, bist du spirituell schon sehr fortgeschritten und hast einen hohen Bewusstseinsgrad erreicht. Versuche also nicht, dir ein künstliches Selbstbewusstsein zurecht zu legen. Es ist einfach nur peinlich und kostet dir nur viel Energie und Geld, um die Täuschung aufrecht zu erhalten.

Gehe in die Stille, gehe ich die Meditation, und du wirst dir deiner Selbst bewusst werden. Es ist dann ein echtes Selbstbewusstsein, dass du damit erlangst. Dieses Selbstbewusstsein braucht kein Zur-Schau-Stellen von irgendetwas, nicht mit Geld, nicht mit einem teuren Auto und auch nicht mit einer hübschen Partnerin. Es braucht kein Herabsetzen von irgendjemand anderen, um selbst besser da zu stehen. Es braucht keine Aggression, keinen Angriff, keine Gewalt. Echtes Selbstbewusstsein, fragt nicht danach, was die anderen denken. Es kümmert sich nicht darum, ob dich jemand kritisiert oder ob dich die anderen mögen. Du hast das nicht mehr notwendig, beliebt zu sein. Du gehst deinen Weg, mit oder ohne jemand anderen. Du hast Gott an deiner Seite, was willst du noch mehr?

Du brauchst auch kein teures Auto mehr, oder eine bildhübsche Freundin zum Angeben. Das Ganze ist Schnee von gestern. Dein Ego ist so klein geworden, weil du dich Selbst gefunden hast, weil du weißt, wer du bist. Du fährst deine Karre, weil du gerne mit ihr fährst, weil du dich in ihr wohlfühlst, weil du sie liebst. Ob sie nun teuer ist oder nicht, ist dabei völlig egal. Du hast deine Freundin, weil du sie von Herzen liebst, weil du gerne mit ihr zusammen bist, nicht, weil du jemand brauchst zum Repräsentieren.

Dieses echte Selbstbewusstsein ist ein spiritueller Zustand - eine Bewusstseinsebene, auf der du dich bereits befindest. Es wird dir helfen, dein Leben leichter, gelassener und mit einem inneren Frieden zu leben. Du wirst frei von Angst und triffst deine Entscheidungen von nun an mit dem Herzen. Du wirst auch in der Folge Entscheidungsfreudiger werden, weil deine Angst, die dich bisher gehemmt hat, nicht mehr da ist. Zumindest hörst du nicht mehr auf sie, weil du weißt, woher sie kommt. Du nimmst also mit neuem Selbstbewusstsein und neuen Mut, die notwendigen Veränderungen in deinem Leben, in Angriff. Diese Veränderungen bringen deine spirituelle Entwicklung mit sich. Wenn du diese anstehenden Veränderungen nicht machst, trittst du auf der Stelle. Es sind Veränderungen, die dir das Leben anbietet, um weiterzukommen. Weiter am Weg zu Gott zurück, weiter zu einer unglaublichen Befreiung, die auf dich wartet. Höre auf dein Herz, es wird dir sagen, wo es lang geht. Wenn sich Veränderungen abzeichnen, geh in dich und fühle, - spüre, ob es sich gut und richtig anfühlt. Höre auf, mit dem Kopf zu denken. Denke mit deinem Herzen. Fühlt es sich wie Liebe an? Wenn du deine Angst beiseiteschiebst, wenn sie einfach nicht da wäre, würdest du dann diesen neuen Weg gehen? Wenn ja, dann geh ihn. Worauf willst du warten? Dein Verstand - dein Ego, wird immer Angst haben, aber die Angst ist nicht die Wahrheit. Die Wahrheit ist die Liebe.

Dein kleines Ego, macht dich stark.

Dein Ego ist klein geworden, aber an innerer Stärke hast du sehr stark dazugewonnen. Diese innere Stärke ist nicht diese Stärke, die wir kennen, im Sinne von stark sein im Außen. Es ist eine sanfte Stärke, eine Stärke, die man am ersten Blick nicht erkennt. Eigentlich eine Gelassenheit, eine Stärke die ihre Stärke nicht zur Schau stellt. Es ist eine göttliche Stärke, im Grunde ist es eine Demut.

8.

Mit zunehmender

spiritueller Reife,

erlange ich ein neues echtes

Selbstbewusstsein.

Dies ermöglicht mir,

die notwendigen

Veränderungen

in meinem Leben,

in Angriff zu

nehmen.

Die guten alten Freunde

Du wirst dich im Laufe deines spirituellen Weges, verändern. Du wirst nicht mehr der alte bleiben und das ist gut so. Es bedeutet Fortschritt, es bedeutet Wachstum, und es bedeutet das du kontinuierlich die Bewusstseinsebenen hinaufkletterst. Dies ist ein stetiger Prozess, den du durch Meditation, Geistesschulung und deinem einfachen Sein vorantreibst. Dabei wird sich dein Denken verändern, dein Tun und Handeln wird ruhiger und weniger werden. Es wird überall mehr Meditation, Bewusstheit und Liebe einfließen, als vorher.

Auch deine Weltanschauungen und deine Einstellungen zur Arbeit, Geld, Besitz, Partnerschaft und zu deinen Freunden wirst du ab und zu neu überdenken wollen und müssen. Wenn du dich weiterentwickelst, heißt das nicht, dass es deine guten alten Freunde auch tun. Sie bleiben vielleicht gerade dort stehen, wo sie sind. Du brauchst sie auch nicht zu bekehren, das ist nicht deine Aufgabe. Gehe du deinen Weg und kümmere dich um dein Leben. Sprich auch nicht über deine Entwicklungen - es wird sie vielleicht nicht interessieren. Wir glauben oft, unsere Partner oder unsere Freunde müssen der gleichen Meinung sein wie wir. Das stimmt nicht.

Ich habe in den letzten Jahren neue Freunde gewonnen. Die alten Freunde habe ich Großteils aus den Augen verloren, das ist auch ganz normal, und das stört mich nicht. Ich war nie jemand der einen großen Freundeskreis hatte. Meistens waren es einige wenige gute Freunde. Diese einigen wenigen wissen von meiner spirituellen Entwicklung gar nichts. Sie können auch mit diesem Thema nichts anfangen, und das ist okay für mich. Wenn du glaubst, du musst deine guten alten Freunde unbedingt auf deine Seite bringen und die müssen mit dir gemeinsam den spirituellen Weg gehen, dann wird das höchst wahrscheinlich ein Hindernis darstellen. Jeder hat sein eigenes Leben. Sie haben gerade andere Pläne und sind für dieses Thema zurzeit vielleicht nicht offen. Es kann sein, dass sie dich eher von deinem Weg abbringen, als das du sie von einem spirituellen Weg überzeugen kannst. Du sollst sie auch nicht überzeugen, das wird das Leben schon zur gegebenen Zeit machen.

Der spirituelle Weg ist ein sehr schöner und individueller Veränderungsprozess in deinem Leben, aber er findet statt, wenn du bereit dafür bist, wenn du dich dafür öffnest. Das kannst nur du wissen und nur du für dich entscheiden. Das ist auch eine Entscheidung, die du mit dem Herzen triffst. Es ist eigentlich eine Entscheidung, die dir passiert. Jedes Leben, das wir als Mensch leben, ist eine Art Klassenzimmer, in dem wir uns befinden - ein Klassenzimmer der Liebe. Wir absolvieren viele Klassen, bis wir bereit sind, die Schule wieder zu verlassen. Manche mehr und andere weniger. Wenn du in der Meditation angelangt bist und du gehst intensiv diesen spirituellen Weg, dann befindest du dich quasi in der Abschlussklasse. Du wirst irgendwann erleuchten, du wirst dich Gott zurückgeben, du wirst zur Liebe werden, die du schon immer warst. Die aber überschattet war von einem starken Ego, das sich dann aufgelöst hat. Es ist alles eine Frage der Zeit.

Wenn deine Zeit gekommen ist, diesen Weg zu gehen, heißt das nicht, das dieser Zeitpunkt auch für deine Freunde da ist. Ich bin der Meinung es begegnen uns immer die Menschen im Leben, die wir gerade benötigen, um uns auf unserem Weg weiterzuentwickeln. Das kann aber sein, das diese gemeinsame Zeit des Weiterentwickelns irgendwann wieder vorbei ist. Ich will dir nicht raten, deine Freundschaften der Reihe nach aufzukündigen. Ich will dir nur sagen, dass du offen sein sollst für neue Freunde. Vielleicht kommen Menschen in dein Leben, mit denen du zurzeit viel mehr Gemeinsamkeiten hast.

Wir sollten an dem Alten nicht so festhängen und das gilt auch bei Freundschaften. Du wirst es merken und spüren, ob es sich mit deinen Freunden noch stimmig anfühlt. Verbringe einfach die Zeit mit Ihnen, die dir gut tut. Es wird Freunde geben, mit denen triffst du dich öfter, und andere siehst du zwei Mal im Jahr. Wenn es wirkliche Freunde sind, dann ist das auch okay, sie werden dir nicht böse sein.

Das Thema Freunde wird dir vielleicht im Laufe deiner spirituellen Entwicklung zunehmend unwichtiger werden. Wenn du einen spirituellen Weg eingeschlagen hast, warst du vermutlich auch nie jemand, der sehr viel Leute um sich herum benötigt. Sondern eher jemand, der das Alleinsein vorzieht. Dies liegt daran, dass du durch deine Beziehung zu Gott, die immer stärker wird, ein solides, unabhängiges Dasein leben kannst, ohne dass es dir vorkommt als wärst du einsam.

Das Alleinsein - die Stille ist ein Raum in deinem Leben, in dem du dich absolut wohl fühlst - in dem du dich zu Hause fühlst. Ich glaube nicht, das für einen extrovertierten Menschen, der es liebt, unter vielen Menschen zu sein, die Zeit für einen spirituellen Weg schon gekommen ist. Der wirklich spirituelle lebende Mensch, wird eher ein Leben Abseits der Menschenmaßen suchen, und sein Glück im Alleinsein oder in der Zweisamkeit, bzw. mit wenigen ausgewählten Freunden finden. Er hat eine sehr starke Beziehung zu Gott, sodass er im Herzen völlig angekommen ist. Auch Smalltalk, Lärm und viele Worte sind nicht seine Sache.

Ich verstehe, das dir das vielleicht zum jetzigen Zeitpunkt noch sehr befremdlich erscheint. Doch versteh mich richtig: Diese Art zu Leben ist ein Geschenk für den spirituellen Menschen. Er ist völlig im reinen mit sich und dem Leben als solches. Er braucht keine anderen Menschen, um glücklich zu sein, oder um sich nicht einsam zu fühlen. Die Einsamkeit kennt er schlichtweg nicht mehr, er fühlt sich im Alleisein zu Hause.

Das Leben ist an sich still. Nur hier in der materillen Welt haben wir sehr viel Lärm. Wenn du wieder eins wirst mit Gott - mit dem Leben, dann wird auch die Stille wieder dein Zuhause. Freunde werden natürlich immer ein Teil deines Lebens bleiben, aber es werden wahrscheinlich einige wenige sehr gute Freunde sein, mit denen du eine tiefere, herzlichere Verbindung hast.

9.

Auf meinen

spirituellen Weg

erkenne ich auch,

dass gewisse Freunde

nicht mehr in mein

Leben passen

und ich gut mit

weniger Freunden

auskommen

kann.

Deine Angst ist eine Illusion

Wir haben schon des Öfteren über die Angst gesprochen, jedoch ist es wichtig, sich über die Bedeutsamkeit der Angst völlig im Klaren zu sein. Sie ist grundsätzlich eine Illusion, das bedeutet, sie ist nicht wahr. Sie ist eine Erscheinung - ein Kunstgebilde in deinem Verstand. Dein Ego - also dein Verstand, erzeugt diese Angst in deinem Kopf. Die Angst lässt dich verschieden Dinge nicht tun, weil du der Meinung bist, es droht Gefahr. Die Angst ist eine eingebildete Gefahr.

Wir müssen unterscheiden zwischen Angst und Gefahr.

Es gibt tatsächlich Gefahren im Leben, die echt sind. Es sind Gefahren, die man tatsächlich rational erklären kann. Zum Beispiel: wenn ich mit 130 km/h auf regennasser Fahrbahn fahre, ist das eine gefährliche Sache. Ich werde vermutlich ins Schleudern kommen, und es kann zu einem folgenschweren Unfall kommen. Dieser Gefahr solltest du ins Auge sehen und demnach auf regennasser Fahrbahn deine Geschwindigkeit anpassen. Dies ist eine Entscheidung, nicht aus der Angst, sondern aus einem vernünftigen, klaren Verstand heraus getroffen wird.

Die künstliche Angst ist jedoch eine Sache deines Egos. Dein Ego fühlt sich klein und verloren in dieser großen, weiten Welt. Es ist ja der Meinung, ein von Gott getrennter Körper zu sein. Es weiß nichts von deiner Verbundenheit mit Gott, von deinem ewigen, unsterblichen, geistigen SEIN. Es glaubt du bist ein materieller Körper, somit glaubt es auch an die Krankheit und an den Tod. Es sucht die Sicherheit, die Liebe, die

Geborgenheit im Außen, im Geld und bei den anderen Menschen. Sonst kennt das Ego keinen Weg, wo sie diese Dinge finden kann. Wenn wir also an unser Ego glauben, dann glauben wir auch an die Angst. Wir werden alles unterlassen, um nur ja nicht unsere Sicherheit, die Liebe und die Geborgenheit zu verlieren. Grundsätzlich ist das natürlich alles menschlich und okay - solange uns unsere künstliche Ego-Angst nicht völlig unter Kontrolle hat.

Wir müssen lernen, bewusster zu werden und aus dieser Ego gesteuerten Angst auszusteigen. Dies ist eine Frage des Bewusstseins und davon, wie weit dein Geist - dein Bewusstsein - schon über deinem Ego steht. Das heißt: Wie sehr bist du schon in deinem höheren ICH - in deinem SELBST - angekommen. Wie sehr vertraust du bereits auf deine göttliche Führung? Wie sehr bist du dir deiner ewigen - unsterblichen - geistigen Natur bereits bewusst? Menschen, die noch sehr in ihrem Ego feststecken, sind meist sehr ängstliche Menschen. Sie leiden an vielen Ängsten, es sind hauptsächlich künstliche Ego-Ängste.

Diese künstliche Angst, von der ich da spreche, ist zum Beispiel die Angst, etwas oder jemand zu verlieren, nur weil man für eine Sache einsteht. Es ist auch die Angst im Spiel oder im Sport zu verlieren, die Angst nicht gut genug zu sein, die Angst sich zu blamieren, oder die Angst Kritik zu ernten, die Angst der üblen Nachrede, die Angst vor Gesprächen mit dem Chef, die Angst vor Publikum zu reden, die Angst vor allen möglichen eingebildeten Konsequenzen. Es sind Ängste, die keine echte Gefahr darstellen. Wir machen und halten uns dadurch nur klein, oder anders ausgedrückt: Wir bleiben in unserer Kleinheit. So können wir nicht über uns hinauswachsen.

Wir heben uns auf neue Bewusstseinsebenen, wenn wir beginnen, über diese künstlichen Ego-Ängste hinauszugehen. Das heißt, wir ignorieren einmal diese Angst, die keine wirkliche Gefahr darstellt, und sehen sie als das, was sie ist: nämlich eine Angst deines Egos, die keine weitere Bedeutung hat. Wenn du achtsam bist, kannst du beginnen, diese Angst bewusst wahrzunehmen und weiters bewusst zu denken: „Okay, diese Angst hat keine Bedeutung. Ich höre nicht auf diese Angst in meinem Kopf, sondern ich mache das, was ich vor hatte, trotzdem". Du machst es erst recht, weil du damit einen wichtigen Schritt in Richtung, Ego-Beseitigung, bzw. Ego-Erziehung setzt. Du läuterst also dein ungezügeltes Ego und gewinnst zunehmend an Sicherheit und Selbstbewusstsein. Du stellst dich deiner Angst, du gehst durch sie hindurch.

Du beginnst über dein Ego hinaus zu gehen, und stärkst so ungemein deinen Geist - dein Bewusstsein. Die logische Folge ist, du wirst dadurch selbstbewusster. Dies ist natürlich ein echtes Selbstbewusstsein. Du erkennst, dass du der reine Geist - das reine Bewusstsein - bist und nicht das Ego. Dieses Ego ist eine Instanz in deinem Kopf, von der du bisher geglaubt hast, es ist dein wahres Ich. Du wirst dir also deiner selbst bewusst.

Der Gegenspieler zur Angst ist immer die Liebe. Wenn du also der Angst den Rücken kehrst, gehst du den Weg der Liebe. Es ist deshalb der Weg der Liebe, weil du nicht deinem Ego folgst, sondern deinem Selbst. Dein

Selbst ist göttlichen Ursprungs - es ist göttliche Präsenz. Es kann also nur Liebe sein, denn Gott ist die Liebe. Wenn du der Liebe folgst, gehst du den Weg mit Gott. Es ist ein sehr großer Fortschritt, wenn du deine Angst als das erkennst, was sie ist, und mutig den Weg der Liebe gehst. Es verlangt dir Mut ab, gegen deine Angst zu handeln, aber du wirst daran reifen und dich sehr weiterentwickeln. Dies bleibt nicht unbelohnt: Das Ego wird schwächer, und du gewinnst an Selbstbewusstsein.

Ein schwaches Ego, macht dich stark. Wie ist das gemeint? Dein Ego wird schwach, aber du steigst die Bewusstseinsstufen empor. Du wirst dir deiner selbst immer bewusster und denkst und handelst folglich auch immer mehr aus deinem Selbst. Der Heilige Geist wird dein ständiger Begleiter. Ich habe schon einmal erwähnt: Wenn dein Ego schwächer wird, nimmt der Heilige Geist mehr Raum in dir ein. Du gehst eine tiefere Beziehung mit Gott - mit dem Leben ein, und das Leben meint es immer gut mit dir. Du kämpfst nicht mehr gegen das Leben, stattdessen gibst du Gott mehr Raum, um in deinem Leben mitzuwirken. Du vertraust dich Gott an, du brauchst nicht mehr stark sein, es gibt nichts mehr zu kämpfen. Du zeigst Stärke durch Schwäche, und deine Angst wird durch Liebe ersetzt.

Wir haben auch alle tiefsitzenden Ängste in uns, das ist ganz normal. Es ist wichtig, dass du dich ganz bewusst deinen Ängsten stellst. Das heißt, sie bewusst wahrnehmen und einfach in der Stille fühlen, ohne etwas hineinzuinterpretieren - siehe die Triple A Methode. Wenn du deine Ängste nicht auflöst, gibt es kein weiterkommen auf deinem Weg. Ja, Erleuchtung ist nichts für Feiglinge.

10.

Ich erkenne

immer mehr, dass die

Angst in meinem Kopf,

nicht real ist.

Wenn ich durch

diese Angst hindurch

gehe, schwäche

ich mein Ego,

und stärke mein

Selbst.

Die spirituelle Triple A Methode

Die spirituelle Triple A Methode steht in diesem Zusammenhang für eine Möglichkeit durch:

.) Achtsamkeit

.) Annahme und

.) Aushalten

deine negativen Gedanken, Gefühle und Ängste zu hinterfragen und zu transformieren.

Wenn du achtsam bist, kannst du deine negativen Gedanken, Gefühle und Ängste in dir wahrnehmen, ohne darauf sofort zu reagieren. Wenn du z.B. in einem Gespräch, Ärger oder Groll empfindest, kannst du durch Achtsamkeit einen Streit vermeiden, indem du nicht sofort verbal deinem Ärger freien Lauf lässt. Ohne Achtsamkeit würdest du vielleicht gleich vehement deinen Standpunkt vertreten, und es könnte zu einem Streit eskalieren. Oder du hast Angst vor einem Termin oder einer Prüfung. Durch achtsames und bewusstes Beobachten deiner Gedanken- und Gefühlswelt hast du dich besser unter Kontrolle und kannst bewusster mit deinen Gedanken und Gefühlen weiter umgehen.

Als nächstes geht es darum, dass du deine negativen Gedanken und Gefühle annimmst, als das, was sie sind. Sie sind vermutlich einfach nur ein Produkt deines Egos - deines Verstandes. Sie entstammen somit nicht deinem bewussten Denken. Du kannst dich also fragen: Sind diese Gedanken wirklich wahr, oder ist hier mein Ego im Spiel? Durch bewusstes Hinterfragen erkennst du die Täuschung deines Egos. Dein Ego denkt sehr häufig nicht das richtige. Es macht sich etwas vor, es glaubt viel, aber es weiß es nicht. Dadurch fühlt es sich schnell mal beleidigt, wütend oder verärgert, hat Angst oder ist eifersüchtig. Alles Gefühle die durch unrichtige und unbewusst entstandene Ego Gedanken entstehen. Es ist deine Entscheidung, diese Gedanken zu glauben und dabei ein schlechtes Gefühl zu haben, oder sie als falsche Ego-Gedanken aufzudecken und zu transformieren. Annehmen heißt noch nicht akzeptieren.

Das dritte A steht für Aushalten und bedeutet, dass du jetzt, nachdem du diese Gedanken und Gefühle entlarvt hast, eine Zeit lang aushältst. Das heißt, du bleibst für einige Minuten bewusst bei diesen Gedanken oder Gefühlen. Du nimmst sie bewusst wahr, und dadurch passiert etwas ganz Besonderes. Durch dieses wahrnehmen erkennst du einerseits, das dies einfach nur dein Ego ist, das hier denkt und dadurch Gefühle in dir auslöst. Du beobachtest dein Ego sozusagen und kannst dich ruhig darüber wundern, was da in deinem Ego schon wieder abgeht. Aber bitte nimm es nicht als deine Wahrheit zur Kenntnis. Es ist nicht deine Wahrheit, es die Wahrheit deines Egos - deines ängstlichen, kleinen ICH's, das sich von Gott getrennt glaubt.

Das Zweite, was passiert, wenn du diese negativen Gedanken und Gefühle für kurze Zeit wahrnimmst und einfach nur spürst, ist: Du transformierst diese Gedanken und Gefühle. Sie lösen sich in kurzer Zeit auf. Sie sind nur geistiger Müll, wenn man so will, und sie sind nicht echt. Sie stellen sich nur in deinem Kopf als echt dar. Du kannst darüber hinwegsehen. Nimm sie einfach nicht ernst und schau mal, was passiert. Du wirst sehen: Wenn du nicht darauf reagierst, verschwinden sie, so wie sie gekommen sind.

Diese Triple A Methode, also das **a**chtsame Erkennen, das bewusste **a**nnehmen und das bewusste **a**ushalten, deiner negativen Gedanken und Gefühle - hilft dir in vielen Situationen weiter. Da wir fast ständig mit unserem Ego konfrontiert sind, in Form von Gedanken und Gefühlen, gibt es viele Möglichkeiten, diese Methode anzuwenden. Schon allein das achtsame Beobachten deiner Gedanken und Gefühle macht dich zu einem bewussteren Menschen. Du kannst fast immer deine Gedanken beobachten, da wir meistens sehr viel denken. So wirst du zu deinem Beobachter und begibst dich somit sehr leicht in dein höheres ICH - in dein SELBST. Beobachte einfach: Was macht dieser „Vorname Nachname" den ganzen Tag? Was denkt sein Verstand so den ganzen Tag? Beurteile es nicht, nimm es einfach nur wahr und lass die Gedanken weiterziehen.

Im Laufe der Zeit wird dir auffallen, dass du nicht mehr so unbewusst auf alles reagierst. Du hast deine Emotionen viel mehr im Griff. Das gibt dir wiederum ein gutes Gefühl, weil du aus deinem bewussten Selbst heraus agieren kannst. Dein bewusstes Selbst ist angebunden an den Heiligen Geist, an die Liebe. Du wächst über dein Ego hinaus. Du bist nicht mehr der Sklave deines Egos - du wirst zum Beobachter und zum Lehrer deines Egos. Das gibt dir ein gutes Gefühl von Selbstbewusstsein und Selbstsicherheit.

11.

Durch die

spirituelle

Tripla A Methode,

komme ich leichter

in mein Selbst.

Ich hebe mich

über mein Ego empor,

und werde zum

Lehrer meines

Egos.

Dein spirituelles Ego

Wenn wir bei den Hindernissen auf deinem spirituellen Weg sind, gehört auch erwähnt, dass die Entwicklung eines spirituellen Egos auch ein Hindernis darstellen kann. Am spirituellen Weg sollen wir unser Ego erkennen als das, was es ist, und die Identifikation mit unserem Ego auflösen. Wir sollen beginnen, es aus einer höheren Warte - aus unserem Selbst - zu beobachten und es liebevoll zu schulen. Dabei können wir leicht in eine Falle tappen, wenn wir uns mit unserer Spiritualität ein neues Ego aufbauen. Wir wandeln dann unser Ego nur um, aber wir befreien uns nicht von unserem Ego. Sich aus seinem Ego zu befreien, heißt in erster Linie, aufhören zu denken. Also, deine Gedanken zu beruhigen und in die Mediation zu kommen. Mediation ist „nicht denken". Nur im nicht denken bist du in der Meditation, und damit machst du den Weg frei für den Heiligen Geist. Dein Ego-Denken ist ein Hindernis und macht deinen Kopf nicht frei für den Heiligen Geist.

Du musst verstehen, dass du dich in der Meditation mit dem Heiligen Geist verbindest. Er ist der Spirit - der Geist, der unsere Essenz ausmacht, er ist Gott. Wir sind in unserer Essenz alle Teile dieses Heiligen Geistes, aber er hat keinen Platz in deinem Leben, wenn dein Ego so stark und so präsent ist, in Form deiner unbewussten Gedanken. Dein Bewusstsein ist dann überschattet von einem starken Ego und kommt nicht in das Erwachen.

Dein spirituelles Ego erkennst du daran, dass du dich häufig mit Gedanken über die Spiritualität und wie du diese ausleben kannst, beschäftigst. Fantasievolle

Menschen gehen dann zu diversen spirituellen Veranstaltungen, zu organisierten Retreats in einer Gruppe von Gleichgesinnten. Manche Menschen machen Meditation in der Gruppe und besuchen spirituelle Partys. All das ist spirituelles Ego. Es hilft dir wahrscheinlich nicht weiter. Du kannst es gerne ausprobieren, aber es hat meist nichts damit zu tun, dass du zu dir findest - dass du zu Gott findest.

Der einzige Grund, warum ich diese Bücher schreibe, ist, weil ich Menschen helfen will, zu sich selbst zu finden, also zu Gott zu finden. Wenn du dein Selbst gefunden hast, hast du auch Gott gefunden, weil du Teil dieses unendlichen großen, göttlichen Bewusstsein bist. Dieses Sich-selbst-Finden hat nichts damit zu tun, irgendwelche Veranstaltungen und Retreats zu besuchen. Dort findest du dich nicht selbst, dort findest du andere Menschen, die unter Gleichgesinnten auch ihr spirituelles Ego ausleben wollen. Du findest dich selbst nur im Alleinsein, denn nur dann bist du frei für Gott. Alles andere ist nur Ablenkung von dir selbst, also von deinem Selbst - Ablenkung von Gott.

Es ist nicht cool, spirituell zu sein. Es ist auch nicht besser als alles andere. Es ist einfach so wie es ist: Es ist der Weg zu Gott zurück. Du brauchst deine Spiritualität nicht zu Schau stellen und du brauchst auch keine anderen Menschen dafür. Je weniger du darüber redest, desto besser ist es. Wenn du dich wirklich Gott zuwenden möchtest, dann mach das für dich allein, dann ist Gott für dich am ehesten erreichbar. Alles andere in der Gruppe ist meiner Meinung nach nur ein spirituelles Ego und hat nichts mit Selbstfindung zu tun. Ich habe noch nie in der Gruppe meditiert und ich bezweifle, das man in der Gruppe eine echte innere Verbindung zu Gott herstellen kann. Es ist so, wie wenn ich meine Partnerin immer nur gemeinsam mit anderen Menschen treffe. Da wird vermutlich die Intimität auf der Strecke bleiben - schade eigentlich. Meditation in der Gruppe kann funktionieren, wenn man schon sehr geübt ist und wenn man genau weiß, auf was es ankommt. Aber grundsätzlich würde ich niemanden empfehlen, mit anderen zu meditieren, sondern immer allein, weil ich mich auf das wesentliche - das bin ich und meine Verbindung zu Gott - konzentrieren kann. Wobei das Wort „konzentrieren" hier nicht ganz das richtige Wort ist, denn Meditation ist keine Konzentration, sondern eigentlich eine Kontemplation. Also eine geistige Versenkung in etwas, ein Sich-fallen-Lassen in das Nichts - in den stillen Raum - in das Nichtdenken. Ein mystisches Rendezvous mit Gott.

Der Weg zu dir selbst, ist eigentlich ein denkbar einfacher Weg. Grundsätzlich braucht es nichts außer deine Bereitschaft dafür. Je komplizierter du es machst, desto schwieriger wird es. Wenn du ein Kopfmensch bist und viel über alles nachdenkst, vielleicht viele Worte und Erklärungen für alles benötigst, dann macht es das vermutlich nicht leichter. Die Übungen aus Band 1 werden dir helfen, dein Gedankenzimmer aufzuräumen und in das „bewusst Sein" zu kommen.

Werde dir bewusst, dass dein Denken nichts mit Intelligenz zu tun hat und vice versa ein Nichtdenken nichts mit Dummheit zu tun hat. Dies kann nämlich auch ein Hindernis sein, wenn du glaubst, Nichtdenken ist ein Zeichen von Unintelligenz. Dein ständiges Denken, auf das ich hier anspreche, ist lediglich ein Im-Kreis-Drehen von Gedanken, die du nicht loslässt, die du noch nicht transformiert hast. Zum Intelligent sein gehört bestimmt nicht ein unentwegtes Kreisen von Gedanken in deinem Kopf, ebenso wie auch ein ständiges Grübeln über eine Sache nichts dazu beiträgt, intelligenter zu sein. Zu einem klaren Verstand kommst du dann, wenn du immer wieder still wirst, also eine Reinigung in deinem Kopf vornimmst. Wie man das macht, habe ich schon in den Kapiteln „Dein Gedankenzimmer aufräumen" und „bewusst Sein" im Band 1 beschrieben.

Das Frei-Sein von ständigen Gedanken ebnet den Weg für die Meditation. Dieser Weg ist ein Weg, den man am besten allein geht. Mit anderen Menschen kann ich etwas unternehmen, Spaß haben und eine schöne Zeit verbringen, aber für den Weg zu mir selbst braucht man keine anderen Menschen. Wenn dir dein spiritueller Weg, also der Weg zu Gott, ein Anliegen ist, dann rate ich dir, ihn allein zu gehen. Es gibt für mich keine plausiblen Gründe, warum man für diesen Weg jemand anderen brauchen sollte. Spirituelle Retreats oder diverse Veranstaltungen in Gruppen können interessant sein, aber brauchen tust du sie nicht dafür. Überlege, ob dir nicht das allein sein noch zu schaffen macht und du nur eine willkommene Abwechslung unter dem Deckmantel „Spiritualität" brauchst. Ich möchte dich nicht um deinen Spaß bringen, ich möchte nur, dass du ehrlich bist zu dir selbst. Das eine schließt ja das andere nicht aus. Du solltest aber zumindest deine eigene spirituelle Praxis nicht vernachlässigen und dein „bewusst Sein" und die Meditation nicht durch gemeinsame Treffen ersetzen.

12.

*Am Weg zu mir
selbst, benötige ich
keine anderen
Menschen.*

*Die Stille und
die Meditation ist der
Raum, indem ich
mich selbst finden
kann.*

Angst vor der Liebe

Gott ist alles was ist, und Gott ist die Liebe. Du kannst Gott nur in der Stille begegnen - in der Meditation. Wenn wir Angst haben vor der Liebe, dann meiden wir die Stille, weil wir in Wirklichkeit Angst haben, Gott zu begegnen. Dein Ego ist dann noch so stark, dass es dir nicht gelingt, ruhig zu werden. Dein Ego ist natürlich nicht interessiert das du ruhig wirst, es wittert Gefahr, als Illusion aufgedeckt zu werden und wertlos zu werden. Das Bestreben des Egos ist es, zu überleben, und es will dich von deiner Selbstfindung abhalten. Denn dann ist es aus mit dem Ego, dein illusorisches Ich bestimmt dann nicht mehr dein Leben. Du brauchst dein Ego dann nicht mehr, weil du weißt, wer du wirklich bist - du hast dein Selbst gefunden.

Deine Angst vor der Liebe erkennst du daran, dass du nicht oder noch nicht bereit bist, wirklich in dich zu gehen. Du scheust den Kontakt mit deinem innersten - mit deinem Herzen. Du meidest die Stille wie die Pest, weil du dir in der Stille selbst begegnest. Dein Selbst ist die göttliche Anwesenheit - die Präsenz Gottes. Mit Stille ist hier nicht „nur" die akustische Stille gemeint, sondern die mentale Stille - die Meditation. Nur in dieser Stille ist es uns möglich, eine Verbindung zu Gott herzustellen. Wenn du noch nicht bereit dazu bist, lenkst du dich vielleicht mit allem Möglichen von dir selbst ab.

Wir werden da oft sehr erfinderisch. Viele Menschen werden zum Workaholic, andere betreiben exzessiven Sport, oder höheren ständig Musik, um sich nur ja nicht selbst zu spüren. Die Angst vor der Liebe, ist manchmal heimtückisch. Wenn wir wollen, können wir unseren ganzen Tag vollständig verplanen, sodass keine Zeit bleibt, um uns der Stille zu widmen. Die Sucht ist auch ein Zeichen der Angst vor der Liebe. Nikotin, Alkohol, Drogen, etc., sie alle verhindern einen Zugang zu unserem Selbst. Diese Substanzen vernebeln dir dein Bewusstsein und sie stärken dein Ego, denn nur dein Ego, braucht die Sucht. Die Sucht ist auch ein Mittel deines Egos, um deine Selbstfindung zu verhindern. Ich bin kein Suchtexperte, aber wenn du betroffen bist von einer Sucht, würde ich dir empfehlen, die Suchtbewältigung an erste Stelle zu stellen. Erst wenn du frei bist von Sucht, machst du den Weg frei, für die Liebe. Manchmal ist es einfach nur eine Entscheidung, frei zu sein von Sucht. Auch hier kann dir vielleicht die oben beschriebene Triple A Methode helfen.

Den Weg in die Liebe - den Weg zu Gott, finden wir nur wenn wir die Angst hinter uns lassen. Dein Ego hat immer Angst, das ist das Wesen deines Egos. Du musst mit dir soweit ins Reine kommen, dass du frei bist von jeder Sucht und frei wirst von deiner Angst - der Angst vor der Liebe. Wenn du frei bist von der Angst vor der Liebe, dann kannst du dich hinsetzen und dich einfach spüren.

Du kannst bewusst SEIN - ohne zu denken und ohne etwas zu tun. Du versenkst dich in den Augenblick, fühlst in dich hinein, du hältst die Zeit an und verweilst in diesem heiligen Moment. Egal, was da kommen mag – Gedanken – Gefühle - Bedürfnisse, du schaust sie dir alle an. Wenn du sie wahrgenommen hast, lass sie einfach weiterziehen. Sie gehören zu dir - zu deinem Ego - aber du bist nicht dein Ego. Du brauchst dich nicht mehr damit zu identifizieren. Beobachte es einfach und entscheide dich für die Abgrenzung.

Ein weiteres Indiz dafür, dass man Angst hat vor der Liebe, kann sein, dass man sich nicht mehr auf eine/n neue/n Partner/in einlässt. Das ist sehr schade, denn die romantische Liebe und die damit verbundene körperliche Liebe ist die schönste und immer noch intensivste Art, um Liebe zu leben und um Liebe zu verschenken, und zur Liebe zu werden. Gott ist die Liebe, und wenn du in dein Selbst kommst, wirst auch du zur Liebe. Ich sagte schon, Liebe ist auch eine Bewusstseinsebene, die du mit zunehmender spiritueller Weiterentwicklung erreichst. Wie willst du aber zur Liebe werden, wenn du die Liebe nicht lebst?

Wenn wir uns auf Menschen einlassen, lassen wir uns auch immer auf Gott ein. Wir sind alle die geistige Ausdehnung Gottes, und Gott liebt es, sich selbst zu begegnen - in der Liebe. Die Liebe ist eine wunderbare Sache und meiner Meinung nach die wichtigste Sache, die es wirklich gibt. Ich höre oft: „Ich wurde enttäuscht, und jetzt lass ich mich nicht mehr auf jemanden ein. Mein Herz wurde gebrochen". Man kann von der Liebe nicht enttäuscht werden. Wie soll mich die Liebe enttäuschen? Die Liebe kann mich nur im Herzen berühren, mein Herz zum Tanzen bringen und meine Seele verzücken.

Man kann nur enttäuscht werden, wenn man nicht weiß, was die Liebe wirklich ist. Die Liebe ist grundsätzlich das, was man mit seinem Herzen und mit seinem körperlichen dazutun, einfach aus freien Stücken verschenkt. Ohne eine Gegenleistung zu erwarten. Ohne

Wenn und Aber. Ohne Vertragsbedingungen. Ohne Kleingedrucktes. Ohne „ich liebe dich nur wenn du mich auch liebst". Die Liebe fragt nicht: „Was gibst du mir zurück? Wie lange bleibst du bei mir? Welche Vorteile habe ich durch dich? Gibst du mir Sicherheit? Kann ich mich bei dir geliebt fühlen? Gibst du mir ein zuhause?"

Ich möchte kurz erwähnen, was die Liebe nicht ist: Die Liebe ist auf alle Fälle kein Vertrag mit jemanden, weder schriftlich noch mündlich. Die Liebe ist auch keine Sache des Geldes oder der materieller Sicherheit. Die Liebe ist auch kein Versprechen auf Zeit und schon gar nicht für die Ewigkeit. Die Liebe ist einfach da, wenn sie da ist. Und je ungebundener und freier man die Liebe lässt, desto eher wird sie da bleiben.

Je weniger du dir von der Liebe erwartest, desto schöner wird die Liebe sein. Deine Erwartungen an die Liebe können dich nur enttäuschen - aber nicht die Liebe selbst. Wenn du einen Partner/in mit deiner Liebe beschenkst, dann wird er/sie das vermutlich sehr zu schätzen wissen. Wenn nicht, dann ist es auch okay. Es kann nicht jeder deine Liebe erwidern. Man kann auch lieben, ohne dass die Liebe erwidert wird. Genau das ist nämlich die Liebe: Sie erwartet nichts.

Stell dir mal vor, du liebst jemanden und du sagst es ihm/ihr gar nicht. Im Grunde brauchst du das auch gar nicht zu tun, weil Liebe grundsätzlich einfach eine wunderbare, starke Energie ist. Du kannst dieser Person einfach deine Liebe zeigen, auf unterschiedliche Art und Weise und dir nichts im Gegenzug erwarten. Wie wunderbar ist das denn. Du kannst dieser Person natürlich auch einfach sagen „ich liebe dich" und schauen was passiert. Diese Person wird dann vermutlich einmal überrascht sein, und wird glauben du erwartest dir jetzt irgendwas. Aber nein du erwartest dir einfach nichts, du liebst einfach, und aus. Sollte deine Liebe erwidert werden, dann wirst du das schon sehen. Es fällt uns kein Stern aus der Krone, wenn wir einfach nur lieben - ohne etwas im Gegenzug zu erwarten. Es ist wunderschön, ein liebendes Herz zu haben. Es ist ein göttliches Gefühl zu lieben und dir nichts zu erwarten. Dass ist das, was die Liebe eigentlich ausmacht.

Die bedingungslose Liebe ist eine Kunst, die erlernt werden kann. Sie wird vor allem durch deine Selbstliebe erlernt und durch dein Wissen, das alles, was du brauchst, in dir ist. Du brauchst keine/n Partner/in, um dich sicher zu fühlen, um dich geborgen zu fühlen, um dich nicht einsam zu fühlen, um dich gut zu fühlen, um finanziell über die Runden zu kommen, etc. Das hast du alles in dir, wenn du in dein SELBST, in dein göttliches Dasein kommst. Wenn du dein Bewusstsein transformierst. Ich weiß, du kannst jetzt sagen: „Aber so weit bin ich noch nicht." Doch ich sage dir: Du kommst dorthin, indem du weißt, dass dies bereits in dir angelegt ist - dieses göttliche Bewusstsein. Es ist zugedeckt durch dein Ego und wartet nur darauf, freigelegt zu werden. Da gibt es nichts mehr zu erreichen - kein Ziel – kein Ort, zu dem du kommen musst. Du musst nur deine Begrenzungen aufgeben, dein Ego zurücknehmen und durch diese Gefühle von Angst, Einsamkeit, Nicht-geliebt-Werden hindurchgehen. Mit Bewusstheit, und mit den Übungen, die ich immer wieder erwähne - die Stille und die Meditation – wirst du weiterkommen.

13.

Der Weg zu

mir Selbst führt nur

über die Stille.

Die Stille ist das

Tor zu Gott -

das Tor zur Liebe.

Die Angst vor

der Liebe, verhindert

meine

Selbstfindung.

Einfach Loslassen

Wenn du dich auf einem spirituellen Weg befindest, ist dies auch immer mit einigen Veränderungen in deinem Leben verbunden. Diese Veränderungen können sehr vielfältig und bei jedem Menschen unterschiedlich sein.

Die größte Veränderung ist, dass du dich früher oder später nicht mehr mit deinem Ego identifizieren wirst. Du kommst in dein Selbst. Das bedeutet, du gibst dich Gott zurück. Du wirst in deinem Bewusstsein wieder zu Gott, oder sagen wir, du kommst zu einem Gottesbewusstsein. Dein Selbst ist Teil der allumfassenden, ewigen, göttlichen Präsenz. Als Kinder Gottes, werden wir von Gott mit offenen Armen wieder aufgenommen. Durch unser eigenständiges Ego, durch unser eigenständiges Denken und durch unseren Glauben, ein getrennter Teil von Gott zu sein, haben wir die Verbindung zu Gott verloren. Sie war nicht in unserem Bewusstsein. In unserem Bewusstsein waren wir ein Körper, der um sein Überleben kämpfen muss.

Wenn du erwachst, erkennst du, dass du kein Körper bist, sondern ewiger, göttlicher Geist. Es gibt kein Kämpfen mehr, es gibt keine Angst mehr, du wirst frei. Dein Körper ist dein Auftritt in dieser materiellen Welt. Er ist dein Lern- und Erfahrungsinstrument. Gleichzeitig ist er auch dein Fortbewegungsmittel, und dein Werkzeug, um zu fühlen, zu denken und zu lieben.

Du musst die Vorstellung loslassen, dass du ein Körper bist - dass du etwas Sterbliches bist. Du kannst deinen Körper nicht ewigen haben, das ist richtig, aber das bedeutet nicht das Ende für dich. Beim sogenannten Tod deines Körpers beginnt für dich ein neues Leben. Du veränderst deine Form, du wirst für eine Zeit lang reiner Geist - reines Bewusstsein ohne Körper sein. Ein neues Abendteuer beginnt für dich. Genieße dein Leben mit diesem Körper, aber hänge dich nicht daran auf. Ich meine, hänge nicht so an diesem einen Leben, als wäre es das einzige. Du hast schon viele Leben gelebt und du wirst vermutlich noch andere leben. Du bist das Leben, das ewige Leben. Dein Körper ist nur deine momentane Form. Wenn du die Angst vor dem Tod loslassen kannst, lebst du ein echt befreites Leben. In manchen Ländern wird der Tod eines Menschen gefeiert. Sie machen ein Fest, weil Sie wissen, dass er in die geistige Welt gegangen ist, in einen neuen, anderen Lebensabschnitt.

Durch die Meditation beginnt eine Hingabe an Gott. Du gehst eine Beziehung zu Gott - zur geistigen Welt - ein. Mit deiner Hingabe an Gott, bekommt dein Leben eine neue Dynamik. Gott greift in dein Leben ein. Dies kannst du wohlwollend und dankbar annehmen, denn es gibt keinen besseren Vater und Mentor als Gott. Du kannst dich vertrauensvoll in die Hände Gottes begeben.

Am besten du lässt dein Leben geschehen. Lass deine eigenen Gedanken und Ziele los. Wenn du dein Denken reduzierst auf das Wesentliche, das heißt auf das, wofür wir wirklich unseren Verstand haben, dann wird da vermutlich viel Platz frei. Dieser freie Platz ist ein leerer Raum, in dem du den Heiligen Geist willkommen heißen kannst. Dies passiert automatisch, weil weniger Denken, ist Meditation. Du kannst dich bewusst dazu entscheiden, in dem Moment mit dem Denken aufzuhören. Probiere es aus: Gehe in den stillen Raum zwischen deinen Gedanken. Es ist sehr einfach, du brauchst nur etwas Übung. Durch unseren Verstand finden wir meist nicht zu einem Leben in vollkommenem Glück und Frieden, dazu ist er nicht in der Lage. Unser Ego, das an dem Verstand angebunden ist, macht dies nicht möglich. Wir sind alle Teile Gottes, und wir haben alle eine uns zugedachte Funktion hier auf Erden, die uns glücklich macht - die unsere Seele glücklich macht. Dieser Seelenplan ist das Beste, was uns passieren kann, wir fühlen uns dann wirklich angekommen. Wenn wir diesen Seelenplan leben wollen, dann müssen wir unseren Verstand loslassen und so dem Heiligen Geist mehr Raum in unserem Leben geben.

Wenn du dein Denken loslässt, beginnt der Heilige Geist, dich zu führen. Diese Führung spürst du in deinem Herzen. Du musst nur aus deinem Kopf heraus gehen und in dein Herz fühlen. Immer wenn du still wirst, fühle in dich hinein, spüre die Botschaften des Heiligen Geistes. Die Botschaften kommen in geistiger Form und können sehr kreative Ideen sein oder Gedanken, die dir einfach so entspringen, ohne dass du nachdenkst. Sie kommen einfach aus dem Nichts - aus der geistigen Welt. Diese Botschaften gilt es dann umzusetzen. Dafür kannst du dann deinen Verstand einsetzen. Dein Verstand ist das Werkzeug, um die Botschaften Gottes in der materiellen Welt umzusetzen.

Wenn du beginnst dein eigenes Denken - deine eigene Regie, also dein Ego - loszulassen, dann beginnt Gott, dein Leben in die Hände zu nehmen. Dann bringst du die Welt wieder in Ordnung, denn Gott ist das Leben und du bist Teil davon. Du gibst dich Gott zurück. Du wirst merken das dies zu mehr Leichtigkeit und Freiheit führt.

14.

Wenn ich mein

Ego loslasse,

mein eigenes Denken und

Wollen reduziere,

dann greift mir Gott unter

die Arme, und

mein Leben bekommt

eine neue

Qualität.

Lebe leicht und frei

Dieses Loslassen deines Denkens - deines Egos - bezieht sich im weitesten Sinne auf dein ganzes Leben. Also auf das, was wir meistens unter Leben verstehen. Wir verstehen unter dem Leben meist das Leben unseres Körpers. Wenn der Körper stirbt, ist das Leben aus - so ist die verbreitete Meinung. Unser Ego sieht sich als sterblichen Körper und kämpft ums Überleben. Doch dies ist ein Irrtum: Unser Körper ist nicht das Leben, sondern dein SELBST ist das Leben. Du, als reines Bewusstsein, bist das ewige Leben. Dein Körper ist deine vorübergehende materielle Erscheinung – deine Maske.

Wenn du beginnst, dein Ego und damit die Vorstellung, ein Körper zu sein, loszulassen, beginnst du erst wirklich, leicht und frei zu leben. Dein Ego loslassen heißt, dass du dich nicht mehr so mit deiner Persona - mit deinem „Vorname Nachname" - identifizierst. Deine Identifizierung mit deiner Persona (Maske) impliziert auch, dass du dich mit einem Körper identifizierst - mit einem sterblichen Körper. Solange du dich mit einem Körper identifizierst, wird dein Ego Angst haben, Angst vor dem Tod. In diesem Bewusstseinszustand ist es schwer, wirklich ein freies und leichtes Leben zu führen. Überall dort, wo vorwiegend Angst ist, sind Liebe, Leichtigkeit und Freiheit nur schwer zu finden.

Das heißt, die Voraussetzung für diese Freiheit und Leichtigkeit ist zunächst, dass du dich mit deinem Selbst - mit deinem reinen Bewusstsein, mit deinem Teil der ewigen göttlichen Präsenz - identifizierst. Du musst verstehen, dass du zurzeit einen Körper hast, aber kein Körper bist. Dass du zurzeit einen Körper hast, ist ein Geschenk und bietet dir die Möglichkeit, damit zu erkennen, wer du wirklich bist.

Durch die Erfahrungen mit deinem Körper kannst du erst zum erwachten Bewusstsein werden. Dies ist ein spiritueller Prozess, der durch die Mediation und die Geistesschulung ausgelöst und begleitet wird. Wenn du dich einmal von der Vorstellung, ein Körper zu sein, löst, wird dein Leben eine neue Richtung bekommen. Diese neue Richtung wird geprägt sein von mehr Leichtigkeit, Freiheit und weniger Angst.

Diese Veränderung geschieht allmählich, aber unaufhörlich. Wenn du diesen Bewusstseinsprozess einmal eingeleitet hast, bist du auf einer Reise, die in die Freiheit führt. Die Freiheit entsteht dadurch, dass du dich als Persona und dein Leben als Körper nicht mehr so wichtig nimmst. Dein Körper ist nur deine momentane Erscheinungsform. In der tiefen Meditation kannst du dich fast von deinem Körper lösen. Du gehst so tief in die geistige Welt, dass du für eine Zeit lang das Gefühl hast, keinen Körper mehr zu haben. Es fühlt sich an, als wärst du reiner Geist, und es ist ein schönes Gefühl. In der tiefen Meditation bekommen wir ein Gefühl dafür, wie es sein wird, einmal ohne Körper zu sein. Du spürst dich in der Meditation als reines Leben. Du bekommst ein Bewusstsein dafür, dass du das reine Leben bist. Dies ist der Untergang deines Egos - genauer gesagt, wird dein Ego schwach, und das macht dich stark. Es nimmt dir allmählich die Angst vor dem Tod, und eine neugewonnene Freiheit und Leichtigkeit macht sich in dir breit.

Dein Leben wird weiters leichter und freier werden, wenn du die Kontrolle darüber aufgibst. Wir wollen meistens so viel erreichen, soviel Geld ansammeln, soviel Erfolg haben und vieles mehr. Oftmals laufen wir diesen Dingen hinterher und vergessen dabei ganz darauf, das Leben zu genießen.

Das Leben genießt du am meisten, wenn du genau im Hier und Jetzt bist. Dies ist der Heilige Augenblick - dabei denkst du nicht in die Zukunft und auch nicht in die Vergangenheit. Es ist wie ein Anhalten der Zeit. Probiere es einmal aus: Setze dich an einen wunderschönen, stillen Ort, vielleicht auf einen Hügel oder Berg. Suche dir einen schönen Ausblick und lass dich in diesen Ausblick hineinfallen. Vergiss einfach alles rund um dich. Stell dir vor, die Zeit steht jetzt still. Versenke dich in diesen Augenblick und verweile darin, solange du kannst. Spüre dabei in dich hinein, wie dein Atem dabei ruhig wird. Vielleicht kannst du auch dabei deine Gedanken völlig loslassen.

In dieser Stille, in diesem „Bewusst Sein", spürst du das echte Leben. Das Leben ist an sich einfach, leicht und frei. Das Leben verlangt von dir nichts - du bist hier absolut frei. Es ist deine Entscheidung, wieviel du arbeitest, wieviel Geld du anhäufen willst und wie gut du im Job oder zu Hause funktionieren willst. Es ist auch deine Entscheidung, wie sehr du dich von außen unter Druck setzen lässt. Du kannst dich dein ganzes Leben abstrampeln, ein Vermögen aufbauen, und am Ende des Tages wirst du dich vielleicht fragen: War es das wert? Wo ist die Zeit geblieben? Habe ich wirklich bewusst gelebt? Habe ich geliebt? War ich glücklich in meinem Tun?

Unser Ego ist meist sehr materialistisch. Das liegt daran, dass es in materiellen Werten eine Sicherheit sieht, und das nimmt ihm die Angst. Wenn wir also unser Ego nicht erkennen und uns von der unbewussten Führung unseres Egos lösen können, wird unser Ego weiter unser Leben bestimmen. Sobald du die Führung deines Lebens durch dein Ego durchschaust und bewusst daraus aussteigst, hebst du dich allmählich in dein Selbst. Dein Selbst ist angebunden an die Liebe - an den Heiligen Geist. Du bekommst eine neue Vorstellung davon, was wirklich wichtig ist in deinem Leben. Du wirst mehr aus der Liebe entscheiden - mehr aus deinem Selbst, aus deinem Herzen - und weniger aus der Angst deines Egos.

Du wirst ein Vertrauen in das Leben entwickeln und dich einfach mehr hineinfallen lassen können in das Leben. Wenn du dein Denken, dein Tun, dein Haben wollen reduzierst und dich mehr auf dich und auf dein „Bewusst SEIN" konzentrierst, greift dir das Leben unter die Arme. Du verbindest dich ständig mit dem Leben, wenn du einfach im Moment bist, - im „Bewusst SEIN".

Du beginnst in der Meditation, eine Verbindung zum Leben aufzubauen. Es ist die stille Hingabe an Gott - an das Leben. Vielleicht erkennst du allmählich, dass du all das, was du geglaubt hast zu brauchen, gar nicht wirklich brauchst. Vielleicht war alles nur eine Illusion - ein Hirngespinst deines ängstlichen Egos. Vielleicht werden sich deine Werte und Prioritäten verändern, wenn du erst mal siehst, wie leicht und frei das Leben eigentlich sein kann. Es wird entscheidend sein, dass du ein bewusstes Leben führst. Das du dein Ego bewusst erkennst und weißt, dass es Angst hat - aber dass das nicht du SELBST bist. Das du eine ausgewogene Balance zwischen deinem SEIN und deinem Tun findest. Das SEIN sollte einen wesentlichen Bestandteil in deinem Leben einnehmen. Es ist im Grunde egal, wie viel du besitzt oder wie reich du bist. Dein Glück findest du nur in der Liebe, und damit meine ich den Bewusstseinszustand Liebe - damit meine ich Gott - dein SELBST. Dann hast du den Himmel auf Erden, und dein Leben wird leicht und frei.

15.

Lebe leicht

und frei bedeutet,

mein Ego zu identifizieren,

daraus auszusteigen

und in mein

Selbst zu

kommen.

Wie komme ich in mein SELBST?

Ich habe schon sehr oft über dein Selbst gesprochen, und ich möchte jetzt nochmal genauer erläutern, was gemeint ist und wie du beginnen kannst, dich damit zu identifizieren, weil es so wichtig ist, dies zu verstehen.

 Also: Dein Selbst ist nicht dein Körper und auch nicht dein Verstand und somit auch nicht dein Ego. Das alles ist dein kleines „Ich", damit identifizieren wir uns meistens seit unserer Kindheit. Diese Identifikation mit dem ICH verursacht unsere Angst und unser Leiden, weil sich unser Ich - also genauer gesagt unser Ego - als ein von Gott getrennter Körper wahrnimmt.

Dein Selbst hingegen ist deine wahre geistige Natur - deine ewige, göttliche Anwesenheit. Es ist deine Essenz, die deinem Körper leben gibt - es ist das pure Leben selbst. Dein Selbst ist dein geistiges SEIN. Hier gibt es kein unbewusstes Denken und kein Fühlen. In der Meditation kannst du dein Selbst am besten spüren. Du kannst dein Selbst nur spüren, weil du es nicht sehen kannst. Du siehst nur deinen Körper - deinen materiellen Anteil an dir. Das ist das Fatale daran und lässt uns in der Täuschung, dass wir ein Körper sind. Wir sind aber keine Körper, wir haben einen Körper. Wir sind unser Selbst - das ist reines Bewusstsein, dein ewiges geistiges und göttliches Sein.

Dein Leben verändert sich, wenn du beginnst, dich öfter mit deinem Selbst zu verbinden und dich allmählich damit zu identifizieren. Du kommst in dein Selbst, wenn du bewusst dein Denken beobachtest, damit aufhörst bzw. über dein Denken hinaus gehst. Du gehst mit deiner Aufmerksamkeit über dein Denken hinaus. Du beginnst, dich mit dem Raum außerhalb deines Körpers zu verbinden - mit dem leeren, geistigen Raum, der dich umgibt. Du gehst also mit deiner Aufmerksamkeit über deinem Kopf hinaus, so als würdest du auf die Dachterrasse eines Hauses gehen. Du verbindest dich sozusagen mit dem Universum - mit dem allumfassenden Geist, mit dem Leben selbst.

Dein Selbst ist angebunden an den Heiligen Geist. Du bist mit Gott verbunden, mit allem was ist - du bist Teil davon, du bist das Leben. Diese Verbindung war schon immer da, doch du warst so in deinem Denken, dass du sie nicht wahrgenommen hast. Dieser leere Raum, dieser unendlich weite, leere Raum außerhalb deines Körpers, ist ein Heiliger Raum, in dem du die Verbindung zum Leben - zu Gott direkt herstellen kannst. Im „bewusst SEIN" kannst du jederzeit diese Verbindung herstellen. Es braucht keine extra Zeit dafür, keine großartigen Vorbereitungen. Du kannst dies zu jeder Minute machen, wenn du einmal das Gefühl dafür bekommen hast, wie schön das ist und wie leicht dies funktioniert. Bei einem Spaziergang in der Natur kannst du dies genauso üben. In dein Selbst zu kommen, gibt dir ein wunderbares Gefühl von Glück und Frieden.

Wenn du einmal gelernt hast, aus deinem Denken auszusteigen, mit deiner Aufmerksamkeit einfach über dein Denken - über deinen Körper - über deinen Kopf hinauszugehen, dann wird dir das immer leichter fallen. Es ist wie ein On/Off Schalter, den du jederzeit umschalten kannst, wenn du bewusst dafür bist. Es ist eine bewusste Entscheidung, dein Denken zu verlassen - nichts anderes.

Wenn du noch Schwierigkeiten hast, dein Denken loszulassen, dann kann dir auch ein Mantra dabei sehr hilfreich sein.

16.

Ich komme in mein

Selbst, wenn ich bewusst

über mein Denken

hinaus gehe.

Mein Selbst ist

Teil der göttlichen

Anwesenheit.

Ich habe kein Leben,

ich bin das

Leben.

Die wunderbare Wirkung des Mantra

Wenn es dir manchmal schwerfällt, das Denken einzustellen, dann kann ein Mantra eine gute Hilfe sein. Im Buddhismus und Hinduismus wird das Mantra schon seit Jahrtausenden aufgrund seiner energetischen Wirkung in der Meditation eingesetzt. Das wohl bekannteste Mantra ist das ausgesprochene OM. Mantras können gesprochen, gesungen oder auch nur gedacht werden.

Ich bin nicht jemand, der auf die bekannten Mantras schwört, und ich verwende auch grundsätzlich keine Mantras. Aber ich weiß aus eigener Erfahrung, dass persönliche Mantras oder persönliche Autosuggestionen eine wunderbare Sache sind, die tief in das Bewusstsein eindringen können. Damit habe ich selbst sehr gute Erfahrungen gemacht und hatte eine Zeitlang ein ganz persönliches Mantra, das ich mir immer, wenn ich die Gelegenheit hatte, laut oder in Gedanken vorgesagt habe. Es lautete: „Alle Tage, in jeder Lage, fühle ich mich besser und besser". Wenn man sich dies in der richtigen Tonlage und in der richtigen Betonung immer wieder langsam vorsagt, klingt es sehr angenehm und beruhigend und hat eine unglaublich gute Wirkung. Man kann dies beim Autofahren machen, beim Spazieren gehen oder einfach, wenn du in Ruhe auf einem Stuhl sitzt - solange wie es sich für dich gut anfühlt.

Man kann sich das zur Angewohnheit machen, derartige Mantras oder Autosuggestionen regelmäßig zu sprechen. Die Wirkungen sind unglaublich positiv und vielseitig für Geist und Körper. Wichtig dabei ist, dass du ein Mantra findest, dass für die jeweilige Situation gut zu dir passt und sich für dich gut anfühlt. Es sollte positiv formuliert sein und es sollte in der Gegenwart gesprochen sein. Also „Ich bin glücklich und zufrieden", nicht „Ich werde glücklich und zufrieden sein". Ob du dich zu diesem Zeitpunkt tatsächlich glücklich und zufrieden fühlst, spielt dabei keine Rolle. Es ist schließlich ein Mantra bzw. eine Autosuggestion, also es darf schon seine Wirkung haben. Das gesprochene Mantra wirkt in der Zukunft und hat eben den Sinn, eine positive Wende einzuleiten.

Wenn du beginnst, mit Mantras zu arbeiten, dann solltest du wissen, dass diese direkt und unverfälscht in deinem Leben wirken werden. Das heißt, so wie du das Mantra aussprichst, so wirkt es auch. Dein Unterbewusstsein hat hier einfach die Funktion, das Gesprochene in die Realität umzusetzen, egal, wie das ausschaut.

In Bezug auf das Aussteigen aus deinem Denken, kann dir ein Mantra auch behilflich sein. Du könntest, statt ständig zu grübeln, einfach dir einen kurzen Satz wie „Mein Verstand ist ruhig und klar" sagen oder im Geiste denken. Du kannst nämlich nicht Gedanken haben und gleichzeitig bewusst etwas anderes denken. Also dein bewusstes denken „Mein Verstand ist ruhig und klar" wird dich aus deinen unbewussten Gedanken holen, die in deinem Kopf kreisen. Du denkst dieses Mantra langsam und in gleichmäßig länger werdenden Abständen und beobachtest dabei, wie es still wird in deinem Kopf.

Wenn du nachts nicht einschlafen kannst, könntest du dir denken: „Ich schlafe". Du beobachtest dich, wie du dies denkst, und beobachtest auch die leeren Zwischenräume zwischen diesen bewussten Gedanken. Mache dies so langsam wie möglich, wie eine Meditation zum Einschlafen, eine Mantra-Meditation sozusagen. Wie du siehst, kannst du deine Mantras einfach der jeweiligen Situation anpassen. Du solltest dir vielleicht für verschiedene Situationen ein passendes Mantra zurechtlegen. Ein, zwei für die Nacht, wenn du nicht einschlafen kannst. Ein, zwei wenn du Stress hast oder wenn es dir schwerfällt, aus deinen Gedanken auszusteigen, und ein, zwei allgemeine Mantras, die du einfach in deinen Alltag einbauen kannst und die dein Leben positiv bereichern.

Ich werde dir jetzt noch ein paar Beispiele geben für sehr allgemeine Mantras, die du in deinem Alltag einbauen kannst und die einen positiven Effekt auf dein Leben haben werden. Vielleicht ist eines oder zwei dabei, die du für dich verwenden möchtest. Ich würde dir nicht empfehlen, zu viele Mantras gleichzeitig zu verwenden. Mein Lieblingsmantra habe ich schon erwähnt, aber ich wiederhole es gerne.

.) Alle Tage, in jeder Lage, geht es mir besser und besser.

.) Ich bin völlig gesund und fühle mich leicht und frei.

.) Ich liebe das Leben, und das Leben liebt mich.

.) Mit jedem Tag fühle ich mich mehr mit Gott und der Liebe verbunden.

.) Ich genieße das Leben und mein unendliches SEIN.

.) Ich lebe im Hier und Jetzt und genieße den schönen Tag.

.) Mein Leben ist voller Liebe und schöner Überraschungen.

.) Ich bin das Licht der Welt und wunderbarer Teil der Schöpfung.

Die wunderbare Wirkung des Mantra

Hier noch ein paar Mantras für das Aussteigen aus deinen Gedanken oder wenn du Stress hast.

.) Mein Verstand ist ruhig und klar.

.) Es gibt jetzt nichts zu denken und zu tun.

.) Ich fühle mich leicht und frei.

.) Mein Ego ist ruhig und wartet auf meine Anweisungen.

.) In der Ruhe liegt die Kraft.

.) Ich liebe die Ruhe und Klarheit in mir.

.) Mein klarer Verstand gibt mir Selbstvertrauen und Mut.

.) Ich bin in meinem Selbst angekommen.

.) Ich spüre die ewige Verbundenheit zu Gott.

Hier noch ein paar Mantras, wenn du Probleme beim Einschlafen hast.

.) Ich schlafe

.) Ich bin ruhig

Diese Mantras für das Einschlafen wiederholst du am besten nur in deinem Denken und ganz langsam. Beobachte dabei auch in deinem Kopf den leeren und stillen Zwischenraum zwischen deinen Gedanken.

17.

Mantras

regelmäßig angewendet,

sind eine wunderbare

Möglichkeit mein

Leben positiv zu

beeinflussen.

Wie sprichst du über dich?

Ich könnte auch sagen: Für was hältst du dich? Im Laufe deiner Bewusstseinsreise zu dir Selbst, wirst du vielleicht bemerken das sich deine Ich-Vorstellung gewandelt hat - also deine Vorstellung, wer oder was du bist. Ich hoffe, dass es so ist, denn dies wäre ein Zeichen, dass du bereits einen Fortschritt gemacht hast.

Du kannst bewusst damit beginnen, dich mit deinem Geist zu identifizieren. Das heißt, dein „ICH", nicht mehr als einen Körper zu sehen, sondern als dein höheres Ich, also dein Selbst - deinen Geist, der du bist, oder das reine Bewusstsein. Es ist ein großer Unterschied, ob du sagst - oder dir zumindest bewusst bist - „Ich bin krank", oder „Mein Körper ist krank". Wenn du dich nicht mehr als Körper siehst, also dich nicht mehr mit deinem Körper als dein ICH identifizierst, gibt es für dich keine Krankheit mehr. Reiner Geist kann nicht krank werden. Du bist gesund, auch wenn dein Körper es nicht ist. Dieses Umdenken wird dich nicht gesünder machen als du jetzt bist, aber es wird sich langfristig positiv und präventiv auf deine Anfälligkeit für Krankheiten auswirken.

Das hat nichts mit Verleugnung einer Krankheit oder Ähnlichen zu tun, sondern mit der Tatsache, dass du bis jetzt vermutlich gewohnt warst, dich immer als Körper zu bezeichnen und dich als Körper zu sehen. Du kannst auch weiterhin sagen „ich bin krank", aber du solltest wissen, dass es dein Körper ist und nicht du SELBST. Du kannst krank zu Hause im Bett sitzen, dir denken: „Ich bin krank" und wirst dich dabei auch sehr krank und miserabel fühlen, weil du dich voll und ganz mit deinem Körper identifizierst. Du kannst aber auch im gleichen Zustand zu Hause im Bett sitzen und sagen: „Mein Körper ist heute krank, aber mir geht es gut, und wir stehen das gemeinsam durch. Ich kümmere mich um meinen Körper."

Merkst du den Unterschied? Im ersten Fall bist du selbst der Körper, der krank ist, und im zweiten Fall bist du das reine Bewusstsein, das seinem Körper beisteht. Du bist der Geist - das Bewusstsein -, hast jedoch einen Körper, der zurzeit krank ist, und du wirst dich um ihn kümmern. In dem Fall grenzt du dich von deinem Körper ab, du bist nicht dein Körper. Damit wirst du dich wesentlich besser fühlen, weil du der Beobachter deines Körpers bist.

Für deine spirituelle Entwicklung ist es wichtig, dich nicht mehr als Körper wahrzunehmen. Es verändert dein Sein, es verändert dein Bewusstsein, und es wird sich in weiterer Folge auf die Qualität deines Lebens auswirken.

Genauso verhält es sich mit deinem Ego. Werde der Beobachter deines Egos, aber identifiziere dich nicht mit deinem Ego. Wenn du Eifersucht verspürst, wer verspürt dann die Eifersucht? Du weißt schon auf was ich hinaus will, oder? Die Eifersucht ist eine Kombination aus Minderwertigkeit, Angst und Neid. Dein Ego fühlt sich minderwertig, hat Angst, etwas zu verlieren, und ist gleichzeitig neidisch, das ein anderer das bekommt, was du so sehr haben willst - in vielen Fällen die Liebe deiner Partnerin.

Du kannst dich vollkommen mit deinem Ego identifizieren, bist eifersüchtig und fühlst dich vermutlich sehr schlecht dabei. Du kannst aber auch die ganze Sache aus einer anderen Perspektive sehen, nämlich aus deinem höheren ICH - deinem SELBST - und dir sagen: „Die Sache gefällt meinem Ego aber gar nicht, es ist richtig eifersüchtig. Wie kann ich jetzt richtig darauf reagieren, oder soll ich überhaupt darauf reagieren? Vielleicht ist alles nur eine Täuschung, alles nur die Angst meines Egos." Die Triple A Methode würde ich dir an dieser Stelle dringend empfehlen.

Ein Beispiel möchte ich dir noch geben: Es kommt vor, dass du Angst hast in irgendeiner Situation. Glaubst du, das die Angst echt ist? Ja, du glaubst vermutlich, die Angst ist echt, weil sie sich so echt anfühlt. Aber ich sage dir: Sie ist nur echt in deinem Ego. Nur dein Ego hat die Angst. Genau das, was du jetzt fühlst, ist dein Ego - es ist dein ängstliches Ego. Sage nicht: „ich habe Angst", sondern sage: „Mein Ego hat Angst" oder „Ich spüre, das mein Ego Angst hat".

Merkst du wieder den Unterschied? Wenn du sagst „Ich habe Angst", dann identifizierst du dich genau mit deinem Ego. In deinem Bewusstsein bist du dann dein Ego. Wenn du aber sagst: „Mein Ego hat Angst", oder „Ich spüre, dass mein Ago Angst hat", dann distanzierst du dich von deinem Ego. So kommst du allmählich in dein befreites Selbst.

Diese Situationen sind dazu da, um zu lernen. Wenn du bewusst genug bist, kannst du dich jetzt von deinem Ego distanzieren und dein Ego liebevoll erziehen. Überlege dir einmal, ob es sich tatsächlich nur um eine Angst handelt oder ob wirklich eine ernsthafte Gefahr droht. Wenn keine ernsthafte Gefahr droht, ist es jetzt an der Zeit, durch die Angst durchzugehen. Du kannst auch die Triple A Methode anwenden. Du bist das SELBST, nicht dein Ego. Sage dir; „Ich weiß, das die Angst nicht echt ist" und zeige deinem Ego, das es sich geirrt hat.

Beginne, deinen Körper und dein Ego als das zu benennen, was sie tatsächlich sind, nämlich dein Körper und dein Ego. Beziehe dein gesprochenes ICH jeweils auf dein geistiges Sein und nicht auf deinen Körper und auch nicht auf dein Ego. Es ist wichtig, in deinem Bewusstsein einen Unterschied zu machen zwischen dir und deinem Körper sowie dir und deinem Ego. So wirst du zum Beobachter deines Körpers und deines Egos.

Vielleicht fragst du dich, wozu das gut sein soll, dich anders zu sehen - also deinen Körper und dein Ego nicht mehr als dein ICH zu benennen und vor allem im Geiste dein ICH nicht mehr als deinen Körper und als dein Ego gleichzusetzen. Ich möchte dir dazu sagen, dass du nur einen spirituellen Fortschritt machen kannst, wenn du deine Identifikation mit deinem Körper und deinem Ego aufgibst. Wie man das schafft, ist letztendlich gleichgültig. Aber die Glaubenssätze und dein falsches Ich-Bewusstsein sind in deinem Unterbewusstsein sehr tief verankert. Aus eigener Erfahrung weiß ich, wie befreiend es ist, wenn du diese Glaubenssätze - also diese tiefsitzende Identifikation, mit deinem Körper und mit deinem Ego - aufhebst.

Gott ist alles was ist und Gott ist die Liebe. Das ist das allumfassende Bewusstsein - das ist das Leben. Du, also dein Selbst, bist Teil dieses allumfassenden Bewusstseins. Du kannst nicht zum Ebenbild Gottes werden - zur Liebe werden - wenn du dich als Materie wahrnimmst. Sobald du beginnst, dich als Teil des allumfassenden reinen Bewusstseins wahrzunehmen, beginnt in dir ein Bewusstseinswandel, der sehr befreiend für dich sein wird und der an deinem Erwachen maßgeblichen Anteil haben wird.

18.

Für meinen

Bewusstseinsprozess

Ist es wichtig, mich als

reines Bewusstsein wahrzunehmen.

Das beginnt damit

dass ich mich auch in

meiner Sprache

und in meinem Denken

nicht mehr mit meinem

Körper und meinem

Ego identifiziere.

Heute ist mein bester Tag

Ich habe schon im Band 1 darüber gesprochen das es in der geistigen Welt keine Zeit gibt. Es passiert alles im Jetzt, und das Jetzt ist ein ewiger Moment. Wir Menschen tun gut daran, uns ebenso an dieses Jetzt zu orientieren. Wenn du aufhörst, an Morgen zu denken und daran, was irgendwann sein wird, dann hast du um sehr viel weniger nachzudenken, oder besser gesagt, vorauszudenken. Wir neigen dazu, sehr viel in die Zukunft zu denken. Bei genauerer Betrachtung sind dies alles meist Sorgen, die wir uns machen. Es macht keinen Sinn, dir Sorgen zu machen, denn du weißt nicht, wie es tatsächlich kommt. Meistens ist es die Angst deines Egos, die dich sorgenvoll in die Zukunft blicken lässt.

Mit dem Blick in die Zukunft verpasst du den momentanen Augenblick. Wenn du 10 Minuten lang in die Zukunft denkst und dir Sorgen machst, hast du 10 Minuten deines Lebens vergeudet. Nein, du hast sie nicht nur vergeudet, du hast sie mit negativen Gedanken verbracht. Wenn es wirklich etwas gibt, das dir Sorgen bereitet, dann schau, dass du damit ins Reine kommst, dass du wieder in den Frieden kommst mit dieser Sache. Entweder es gibt eine Lösung, oder es gibt keine. Schau dir die Sache sehr bewusst an. Wenn es eine Lösung gibt, die für alle Beteiligten die beste ist, dann vergeude keine Zeit, diese Lösung herbeizuführen. Wenn du zurzeit keine Lösung hast, dann höre auf zu denken, und warte bis die Lösung kommt. Ja, du hast richtig gelesen: Die Lösung kommt. Lass es einfach geschehen. Kümmere dich nicht um alles, sondern vertraue auf die Hilfe Gottes. Gott - das Leben - steht dir bei. Du bist ein Teil des Lebens, du bist ein Teil dieses ganzen Seins.

Heute ist mein bester Tag

Sehr oft ist es so, dass, wenn wir unser eigenes Denken anhalten und einfach nur in die Stille gehen, uns eine Lösung geboten wird. Du musst dem Leben nur die Chance geben, dir zu helfen, und die Hilfe kommt immer in Form von Gedanken. Es sind Gedanken, die kommen, wenn du nicht denkst - deine sogenannten Ideen, die du plötzlich hast. Die Eingabe des Heiligen Geistes, die aus der Stille aufsteigt.

Mach dir also keine Sorgen und denke, wenn möglich, nicht in die Zukunft. Du tust gut daran, wenn du nur den heutigen Tag siehst und diesen in vollen Zügen genießt. Nur der gegenwärtige Augenblick - nur der heutige Tag - verdient deine volle Aufmerksamkeit. Mache heute noch etwas, was deine Seele nährt, etwas, was dir wirklich guttut. Das können einfache Dinge sein, wie einen wunderschönen Platz in der Natur aufsuchen und dort eine halbe Stunde dich vollkommen in die Meditation fallen zu lassen.

Suche dir einen oder mehrere Kraftorte in der Natur, wo du wirklich gerne bist, wo du für dich allein sein kannst. Ich liebe es, von einem Hügel in die Ferne zu schauen, in das wunderbare Land hineinzublicken. Dabei kann ich mich fallen lassen, und es ist eine wunderschöne Art zu meditieren. Es gibt diese Kraftorte, wo ich immer wieder gerne zurückkehre. Nicht nur, weil sie so wunderschön sind, sondern weil sie auch so voller Energie sind und weil ich mich dort eins mit der Natur, mit dem Leben fühle.

Du machst diesen Tag zu einem wunderschönen Tag, wenn du etwas machst, was deine Seele nährt. Ein Lebenskünstler ist jemand, der immer die Zeit genießt, die er gerade verbringt. Dies ist das Geheimnis eines wunderschönen Lebens. Was nährt aber deine Seele?

Versuche es herauszufinden. Das kann unterschiedlich sein und ist von deiner Tagesverfassung abhängig. Es ist wichtig, dass du es in deinem Herzen spürst. Bei mir ist es meist etwas, was mit Meditation verbunden ist - mit dem Spüren des Lebens. Das Leben spürst du immer in der Meditation. Beim Abschalten, beim Nicht-Denken, einfach, wenn dein Kopf frei ist. Das kann auch beim Tanzen sein, oder beim Laufen etc. Deine Seele - dein Selbst - ist angebunden an den Heiligen Geist. Wenn wir also von Heiligen Geist sprechen, dann sprechen wir nicht von oberflächlichen Vergnügungen. Dann wollen wir uns schon spüren. Tief in unserem Herzen darf es warm werden. Wir dürfen tief unter der Haut das Leben spüren. Unser Herz darf tanzen, und es darf ein wunderschönes Strömen von Glücksgefühlen auslösen.

Ich gebe dir ein paar Beispiele. Vielleicht siehst du dich in einem dieser Beispiele wieder. Deine Seele kann genährt werden durch:

.) Ein ausgelassenes Tanzen zu einer guten Musik.

.) Eine sportliche Betätigung, die dich glücklich macht.

.) Eine Runde mit dem Motorrad zu fahren, weil es dir eine ungemeine Freiheit vermittelt.

.) Eine meditative Wanderung auf einem Berg.

.) Eine schöne Zeit zum Abschalten an einem besonderen Kraftort.

.) Ein meditativer Spaziergang in der wunderschönen Natur.

.) Ein angenehmes, warmes Bad in der Badewanne bei Kerzenschein.

.) Das anhören oder anschauen eines bereichernden Videos oder Films.

.) Das Treffen mit Freunden, um mal richtig zu feiern.

.) Ein gutes Gespräch mit einem/r guten Freund/in.

.) Ein romantisches Dinner mit deiner Geliebten.

.) Eine leidenschaftliche, erotische Zeit zu zweit.

Du siehst also, es kann viel sein, was deiner Seele heute guttut. Die Liste ist natürlich nicht vollständig. Du wirst es wissen, was dir guttut, weil du dich am besten kennst - weil du dir am nächsten bist. Wir brauchen für diese wunderbare Zeit - für diese besonderen Momente des Tages, die unsere Seele nähren - auch meist keine andere Person dazu. Mach dich dafür nicht abhängig von anderen. Finde etwas, das ganz allein für dich passt. Natürlich kann es auch eine Zeit zu zweit sein. Das ist gut, das ist großartig, das braucht unsere Seele auch. Du siehst, ich habe zwölf Beispiele angeführt. Für acht davon brauchst du niemanden dabei.

Nur du bist der Mensch, der für dein Wohlbefinden, für dein Leben verantwortlich ist. Du bist grundsätzlich niemanden etwas schuldig, und auch dir ist grundsätzlich niemand etwas schuldig. Auch deine Partnerin ist nicht dazu da, um dich glücklich zu machen. Um für dich etwas Gutes zu tun, brauchst du keine Freunde und auch keine Partnerin. Es ist schön, wenn jemand dabei ist, aber mach es nicht davon abhängig. Die Zeit mit dir allein ist ein ganz besonderes Geschenk für deine Seele, das nährt ganz besonders deine Seele.

Die Zeit mit dir allein ist eine sehr wertvolle Zeit. Sie bringt dich näher zu dir - näher zu deinem Selbst. Dies führt zum Ankommen bei dir Selbst. Dies ist schließlich der Sinn und Zweck unseres Lebens: Unsere Seele will ankommen. Alles, was deine Seele nährt, ist ein Geschenk für dich Selbst. Du erweist dir damit einen Riesengefallen, wenn du auf dein Herz hörst und wenn du dich glücklich machst. „Heute ist mein bester Tag" sollte dein Lebensmotto werden. Jeden Tag, wenn du aufstehst, solltest du dir sagen: „Heute ist mein bester Tag". Natürlich darfst du dann auch etwas mithelfen, das es ein guter Tag wird.

Es sind meist nicht die teuren Reisen und die super Urlaube, die uns wirklich glücklich machen. Sie haben sicher ihre Berechtigung, aber sie ersetzen nicht das, was du dir sonst im Alltag Gutes tust. Die alltäglichen Geschenke, die du dir machst in Form von Zeit mit dir allein, sind das, was deine Seele braucht. Behandle dich selbst wie deine große Liebe - so liebevoll, so zärtlich und mit der nötigen Achtsamkeit, welche Bedürfnisse du Heute hast. Der heutige Tag ist das, was zählt. Gehe mit dir selbst einmal aus, gehe gut Essen und verwöhne dich so richtig. Mach ein Fest mit dir allein, feiere dein Menschsein.

Die Zeit, die du jetzt hast, mit deinem Körper, dieses wunderbare Lern- und Erfahrungsinstrument, ist eine Zeit, die du nicht verpassen darfst. Dein Körper ist heilig, und er hat eine Mehrfachfunktion. Er ist das Werkzeug, mit dem du lernst - durch andere Menschen und durch deine eigenen Erfahrungen. Er ist auch das Werkzeug, mit dem du hier auf dieser Erde deine Aufgaben verrichtest. Und er ist auch das Werkzeug, um dich und andere zu lieben. Er ist aber auch dieses Erfahrungs- und Wahrnehmungsinstrument, über das deine Seele die Liebe empfängt.

19.

Ein glückliches

Leben, beginnt bei einem

glücklichen Tag.

Die Summe meiner

glücklichen Tage,

ergeben ein glückliches

Leben.

Ich übernehme

die Verantwortung,

dass dieser Tag

ein schöner Tag

wird.

Akzeptiere die Dinge so wie sie sind

Was soll das denn schon wieder für ein Rat sein, wirst du dich vielleicht fragen. Ich kann doch nicht alles einfach akzeptieren, wie es ist. Nein, das brauchst du auch nicht, es geht hier primär um die Dinge und Umstände, die sich in deinem Leben ändern, weil dies zu deinem Prozess dazu gehört. Ich meine jetzt nicht so etwas triviales wie das Wetter, oder ein verspäteter Zug. Obwohl wir auch das Akzeptieren sollten, ohne uns zu ärgern. Aber nein, es geht jetzt nicht um den Ärger, es geht um etwas anderes. Es geht hier um Akzeptanz, Respekt, Geduld, Mitgefühl, Selbstliebe und Nächstenliebe.

Menschen mit einem starken Ego wollen immer alles beherrschen und alles unter Kontrolle haben. Sie können nicht leicht akzeptieren das etwas nicht nach ihrem Kopf geht. Wenn jemand anderer Meinung ist, werden sie oft wütend und haben ihre Gefühle nicht unter Kontrolle. Sie verzeihen keine Fehler und kritisieren sehr viel. Es sind unangenehme Mitmenschen, sie wirken meist sehr unberechenbar und sind meistens sehr hart. Im Grunde fehlt es ihnen an Selbstliebe ,und sie haben einen starken Geltungsdrang.

Es sind zum Beispiel Menschen, die nicht akzeptieren können, dass sie verlassen werden. Sie beginnen dann, Rachepläne zu schmieden, oder stalken die Ex-Partnerin und wollen ihr das Leben schwer machen. Vielleicht kennst du jemand in deinem Umfeld, der so ist, dann weißt du, was ich meine. Dieses Verhalten zeigt von einem starken Ego, deshalb möchte ich dieses Thema aufgreifen. Es geht bei deinem spirituellen Weg immer um dein Ego. Ein starkes Ego ist immer ein Zeichen von Angst und nicht von Liebe.

Ich möchte ein Bewusstsein schaffen, was es heißt, in die Liebe zu kommen. Nur durch die Liebe kommst du zu Gott zurück, du wirst zur Liebe, indem du Liebe übst. Jemand, der liebt, der akzeptiert, ohne Gedanken der Vergeltung.

Wenn deine Partnerin dich verlässt, dann wird sie ihre Gründe haben. Du kannst natürlich mit ihr darüber sprechen, aber du darfst ihr keine Angst machen. Du lässt sie in Würde gehen und nimmst Abschied von ihr. Du musst ihre Entscheidung einfach hinnehmen und deinen Schmerz ertragen. Du musst ihn vorerst ertragen, dann in weiterer Folge gilt es, mit deinem Schmerz richtig umzugehen. Die Triple A Methode wäre an dieser Stelle, ein gutes Mittel, um deinen Schmerz zu transformieren.

Wenn ein Mensch aus seiner Partnerschaft aussteigt und andere Wege gehen will, dann heißt das, dass die Liebe vorbei ist. Das ist eine ganz normale Sache, das kann jedem passieren. Das ist das Wesen der Liebe, das sie nicht ewig zwischen zwei Menschen besteht. Aber im Grunde ist es ein Zeichen von Liebe, wenn man dann loslässt. Wenn eine Beziehung zwischen zwei Menschen nichts mehr mit Liebe zu tun hat, dann ist es Liebe, wenn man geht und wenn man gehen lässt. Die Liebe ist wie das Leben: Sie will frei sein, sie will sich entfalten, sie will sich verändern und weiterentwickeln. Gott ist die Liebe, und diese romantische Liebe ist eine Form davon, eine sehr schöne Form. Aber Gott will, das auch du wieder zur Liebe wirst, und das geht nur, wenn du den Weg der Liebe weitergehst und nicht in alten Mustern verharrst.

Du musst verstehen, dass die Liebe eine sehr starke geistige Energie ist, die stärkste die es gibt. Sie ist das Leben. Die Liebe ist der Stoff, aus dem das Leben besteht -

Gott ist die Liebe. Wir kommen aus der Liebe, und wir gehen wieder in die Liebe. Wie ist das gemeint? Zwei Menschen machen Liebe, daraus entsteht ein Mensch, der Liebe ist, meist weiß er es nicht, weil sein Ego dies überschattet. Das ganze Leben sucht er wieder die Liebe, in Form eines/r Partner/in um mit ihr Liebe zu machen, weil es die stärkste Energie ist, die ihn antreibt. Am Ende - beim sogenannten Tod - geht der Mensch zu Gott zurück, er geht wieder zur Liebe, aus der er gekommen ist. Alles ist ein Kreislauf der Liebe: Das ganze Leben, im ganzen Universum.

Der Prozess des Erwachens ist etwas Geistiges und etwas Energetisches. In beiden Bereichen erlebst du starke Veränderungen, wenn du dir nicht selbst im Weg stehst. In diesem Prozess gibst du dich Gott zurück - du gibst dich dem Leben zurück, du wirst Teil des Lebens. Das Leben und damit die Liebe durchdringen dich dabei immer mehr, sodass du zur Liebe wirst. Wenn es dir gelingt, dein Ego - also dein eigenes Denken - abzustellen oder zumindest auf das zu reduzieren, wozu wir unseren Verstand haben, dann wirst du durchlässig für das Leben. Das heißt, das Leben nimmt dich an der Hand, es wird dir deinen Weg zeigen, wenn du dich führen lässt - wenn du deinem Herzen folgst.

Wenn wir beginnen, das Leben zu akzeptieren, so wie es ist, so wie es sich heute zeigt, ohne zu beurteilen, ohne negativ abzuwerten, dann passiert etwas ganz Außergewöhnliches. Du gibst dich dem Fluss des Lebens hin, dabei nimmst du die Veränderungen dankbar an, in dem Wissen, dass es das Leben gut mit dir meint. Es bringt dich weiter, es leitet jene Veränderungen in deinem Leben ein, die für deine restlose Hingabe an das Leben - für dein spirituelles Erwachen - notwendig sind. Das kann sein, das du, wie oben beschrieben, eine Trennung in deiner Partnerschaft benötigst, weil du hier nicht mehr in der Liebe und in der Freude bist, sondern nur noch im Aufrechterhalten von Gewohnheiten. Genauso kann es sein, das du im Job unglücklich bist, du spürst eine Unzufriedenheit, änderst aber nichts.

Mit diesen Situationen prüft dich das Leben: Bist du reif für die Meisterklasse? Bringst du den erforderlichen Mut auf, etwas in deinem Leben zu verändern, das nach Veränderung schreit. Hast du deine Angst im Griff, oder glaubst du noch an dein Ego und gehst den Weg der Angst weiter? Wenn du den Weg der Angst weitergehst, kannst du nicht in die Liebe kommen, dann kannst du nicht zur Liebe werden. Gott ist aber die Liebe, und du wirst rrwachen, wenn du den Weg der Liebe gehst und die Angst hinter dir lässt.

Akzeptiere also das Leben so, wie es ist, mit all seinen Veränderungen, die es für dich bereithält. Lass dich ein auf das Abenteuer Leben, verlasse den Pfad der Gewohnheit, der Angst, der Sicherheit - das ist der Weg, den dein Ego kennt und gehen will. Das echte Leben aber ist Liebe und Freude. Du spürst es im Herzen, ob du dich am richtigen Weg befindest. Dein Herz wird brennen vor Liebe, wenn du dich darauf einlässt. Du wirst dich vielleicht wieder so verlieben, wie du es noch nie erlebst hast. Du wirst vielleicht wieder so ankommen in einem neuen Job, wie du es nicht für möglich gehalten hast. Du wirst eins mit dem Leben. Es fühlt sich nicht mehr so an wie das Leben davor, dass du im Ego gelebt hast. Es wird leichter, es wird unbeschwerter, es wird außergewöhnlich werden und vor allem: Du wirst die Liebe spüren, weil zur Liebe wirst.

20.

Ich akzeptiere die Dinge

wie sie sind, bedeutet,

dass ich das Leben mit all

seinen Überraschungen

annehme und mutig

den Weg der Liebe gehe,

den Weg den mir mein

Herz zeigen wird.

Dem Leben vertrauen

Das Leben, so wie wir es wahrnehmen ist nur ein ganz kleiner Teil von dem großen Ganzen. Dieses große Ganze ist so unendlich groß, dass du dies mit deinem Verstand nicht begreifen kannst. Jeder einzelne von uns ist ein kleines Rädchen in diesem unendlich großen Getriebe, dass wir Leben nennen. Jeder hat seine Aufgabe in diesem Universum: Die einen lehren etwas, die anderen forschen, wieder andere bauen Häuser, und einige versuchen, unseren Planeten sauber zu halten, indem sie die Straßen reinigen. Es kommt nicht so sehr darauf an, welche Fähigkeiten wir haben - für das Zusammenspiel auf dieser Erde sind alle Fähigkeiten erforderlich.

Wenn wir über besondere Fähigkeiten verfügen oder mit einer besonders hohen Intelligenz ausgestattet sind, sollten wir wissen, dass wir auch dies dem Leben zu verdanken haben. Wir sollten dann dem Leben etwas zurückgeben, indem wir unsere Intelligenz oder unsere besonderen Fähigkeiten für die Welt, für das Leben, für unsere Mitmenschen einsetzen. Mit dieser Gabe haben wir auch eine gewisse Verantwortung für das Leben mitbekommen. Übermäßiger Stolz oder Überheblichkeit zeugt von einem übermäßigen Ego und würde, bedeuten, dass wir die Gabe nicht als Geschenk Gottes ansehen, sondern als persönlichen Verdienst.

Doch glaube mir, nichts ist ein persönlicher Verdienst - alles ist ein Geschenk Gottes, ausnahmslos alles ist ein Geschenk des Lebens. Du kannst fleißig sein, du kannst dich stark machen für etwas - das ist gut so -, aber die Voraussetzungen, um etwas in diesem Leben zu erreichen, um etwas zu bewegen mit deinen Fähigkeiten, wurden dir von Gott mitgegeben. Du bist vielleicht am richtigen Ort, in die richtige Familie hineingeboren - auch das ist ein Geschenk des Lebens. Wenn wir verstehen, dass wir kein getrenntes Individuum von Gott sind, sondern eins mit Gott sind - eins mit dem Leben sind -, dann gibt es keinen persönlichen Verdienst mehr, weil dann gibt es kein Ego mehr. Du bist Teil des göttlichen Daseins, Teil des Lebens, du bist ein Rädchen im diesem großen Getriebe, das wir das Leben nennen.

Das Leben ist ein wunderbarer Prozess der Evolution, der Schöpfung. Die Grundlage dieser Schöpfung ist Gott selbst, als der Kern der Schöpferkraft. Gott, als dieser Kern der Schöpferkraft, erstreckt sich auf alle Lebensformen und dehnt sich auf alles Leben aus. Er ist der allumfassende Geist, der in jedem steckt. Wie kannst du dann ein von Gott getrenntes Individuum sein? Du kannst dich nur noch immer falsch wahrnehmen, wenn du noch glaubst, dass du ein von Gott getrenntes Individuum bist. Du glaubst dann noch immer, du bist ein Körper. Doch das bist du nicht - du hast jetzt einen Körper, doch du bist ewiger Geist, du bist das Leben selbst.

Du bist das Leben, und du wirst für immer und ewig das Leben sein, ob mit oder ohne Körper. Vielleicht wirst du deinen Körper noch wechseln, wenn du dem Spiel der Inkarnation noch nicht müde bist. Das kommt darauf an, wann du erwachst, denn damit steigen wir aus dem Spiel von Tod und Wiedergeburt aus. Spätestens bei deinem sogenannten „Tod", bergreifst du, dass das mit dem Tod nicht so ist wie du das bisher geglaubt hast. Es gibt kein Ende für dich - du wechselst deine Form, das ist alles. Wir sehen dich nicht mehr so, wie du jetzt bist - du hast deine Maske, - deinen Körper, abgelegt. Es geht auch ohne

Körper weiter, vielleicht viel friedlicher als jetzt, wer weiß. Wenn du einmal verstehst, dass das Leben kein Ende hat, dann hat dein Kämpfen hier auf Erden auf einmal keinen Sinn mehr. Du hast keine Eile mehr, diese Hektik im Alltag wird zunehmend sinnlos für dich. Dann lebst du viel entspannter, du genießt die Zeit viel mehr. Es ist eine besondere Zeit, denn du hast jetzt noch deinen Körper, mit dem du dich ausdrücken und mit dem du lieben kannst. Du verbringst auch immer mehr Zeit im SEIN, denn das ist deine wahre Natur - das ist deine geistige Natur.

Dieses SEIN ist deine wahre geistige Natur, und durch bewusst SEIN findest du auch wieder dorthin zurück. Dieses „bewusst SEIN", sowie ich es schon im Band 1 beschrieben habe, ist auch ein Werkzeug, dich dem Leben anzuvertrauen. In dieser einfachen Form der Meditation verbindest du dich mit dem Leben.

Eine Verbindung mit dem Leben findet immer in der geistigen Welt, also in der Meditation, statt. In dieser Meditation entsteht eine tiefere Verbindung zum Leben, und gleichzeitig beginnst du, dich von deinem Ego abzugrenzen. Du reduzierst dein eigenes Denken und lässt das Leben auf dich wirken. Du tauchst ein in einen anderen Raum - in einen geistigen Raum, dort, wo das eigentliche Leben stattfindet. Dieser stille Raum hat eine andere Frequenz als unser Denken und wirkt sehr klärend auf unseren Geist. Die Verbindung mit dem Leben in der Meditation, ist eine Verbindung zu Gott, den Gott ist das Leben. In dieser Verbindung kannst du auch Vertrauen in das Leben gewinnen.

Wenn du immer wieder diese Verbindung zum Leben herstellst, entwickelst du auch eine Art inneren Draht zum

Leben. Wir nennen es auch die Intuition. Diese Intuition ist deine innere Führung, die dich abseits deines eigenen Denkens, durch das Leben führt. Es ist ein großer Unterschied, ob du selbst denkst oder ob du dich von deiner Intuition führen lässt. Dein eigenes Denken kann deiner Intuition im Weg stehen. Ich bin sogar davon überzeugt, dass dein eigenes Denken deiner Intuition schadet, weil dein Verstand so beschäftigt ist, dass er nicht offen ist für die Intuition deines Bewusstseins. Deswegen ist die Meditation auch so wichtig: Sie reinigt und klärt deinen Verstand, dein Denken lässt nach, und du wirst offen für die Intuitionen - für die Instruktionen des Heiligen Geistes.

Wenn du beginnst, dem Leben zu vertrauen, wirst du weniger zum Denken haben. Du wirst offener für die Intuition, die ich auch als die Instruktion des Heiligen Geistes bezeichnen möchte. Der allumfassende Heilige Geist ist die universelle Intelligenz des Lebens. Wenn du dich von ihr führen lässt, kannst du dich vertrauensvoll dem Leben hingeben. Deinen Verstand verwendest du dann nur mehr, um die Details dieser Führung in die Tat umzusetzen - zur Planung deiner Termine, Koordination und Abwicklung deiner Aufgaben etc. Die Voraussetzung ist, dass du offen wirst für diese Führung - für diese Intuition und in der Stille im „bewusst SEIN", ohne Denken, ohne Tun, wirst du offen dafür. Deswegen ist jede Minute, jede viertel Stunde, die du dich hinsetzt und dich in das Nichts - in die Stille - versengst und dein Denken einstellst, so wichtig für deinen Weg.

Mit „versenken" meine ich die Kontemplation, das Innehalten, das Anhalten des Denkens, in den leeren Raum gehen. Bitte nicht mit Konzentration verwechseln - das ist das konzentrierte Nachdenken, das ist nicht Meditation.

21.

Ich vertraue dem

Leben und lasse mich

durch meine Intuition

führen.

Je mehr ich mein

eigenes Denken einstelle

desto offener werde

ich für die

Intuition.

Gib der Stille eine Chance

Wir haben schon sehr viel über Meditation, Stille und bewusst-SEIN gesprochen. Ich möchte hier auf die Bedeutung der Stille nochmal hinweisen. Wenn du weiter kommen willst auf deinem spirituellen Weg - und glaube mir, es lohnt sich -, dann sollte die stille Zeit einen Fixpunkt in deinem Leben einnehmen.

Die Meditationspraktiken, die ich vor allem im Band 1 beschrieben haben, mögen dir vielleicht nicht immer leichtfallen. Sie benötigen Zeit und eine gewisse bereitwillige Entscheidung, wenn man damit noch nicht so vertraut ist. Meditieren ist aber so einfach, wenn man es auf das Wesentliche herunter bricht. Es ist nämlich in erster Linie einfach nur Zeit, in der Stille zu verbringen und dein Ego - das heißt, alles, was in deinem Kopf und in deinen Gefühlen vorgeht - zu beobachten. Als Beobachter bist du automatisch in deinem SELBST. Durch die Wahrnehmung transformieren deine Gedanken und werden weniger. Du solltest dann in weitere Folge schauen, dass du den Nullpunkt in deinem Kopf findest. Das ist der Punkt, an dem absolute Stille in deinem Kopf herrscht. Das ist Meditation.

Wenn du am Morgen munter wirst, ist das ein idealer Zustand, um Zeit in der Stille zu verbringen. Du wachst nämlich auf und bist nicht sofort in deinem vollen Wachzustand. Du befindest dich in einer Art Trancezustand zwischen Wachsein und Schlafen, der für eine Stille Zeit ideal ist. Spring also nicht sofort aus dem Bett, sondern plane etwa 10 min ein, in diesem Trancezustand zu verweilen. Fühle dabei in dich hinein, spüre, wie dich die ersten Sonnenstrahlen auf der Haut streicheln und wie dein Geist langsam, aber sicher in deinem Körper wieder ankommt. Überstürze am Morgen nichts, es ist eine Zeit, in der du automatisch in einem meditativen Zustand bist. Du spürst mehr deinen Geist als deinen Körper. Auch tagsüber gibt es sicher immer wieder Zeiten, in denen du sicher ein paar Minuten ganz für dich allein hast. Nütze diese Zeit, um abzuschalten, um vor dich hin zu träumen und deine Gedanken einfach loszulassen. Setze dich bequem hin und versenke deinen Blick in das Nichts - in die geistige Welt, in den Raum zwischen der Materie - gehe in dein Selbst, sowie ich es oben beschrieben habe. Dieses Nichts, diese Stille ist ein anderes Bewusstseinsfeld. Es ist ein Ort der Begegnung mit Gott. Dies ist die einfachste Art zu meditieren: Du lässt dein Denken los, starrst Löcher in die Luft und bist dabei ganz verbunden mit deinem Sein - mit deinem SELBST. Mit Stille meine ich vor allem auch die mentale Stille. Gehe über dein Denken hinaus, schalte dein Denken jetzt ab, sodass es wirklich still wird in dir. Du kannst deinen Verstand trainieren, nur dann zu denken, wenn du es wirklich brauchst. Wenn es in deinem Kopf ständig denkt, ist das nicht produktiv und hat auch nichts mit Intelligenz zu tun. Wenn du dein Denken in Griff bekommst, kommst du zu einem klaren Verstand. Du denkst dann, wenn es notwendig ist, dafür aber umso klarer und effektiver. Die geistige Welt ist eine Welt des Friedens - eine Welt der Stille, auch der mentalen Stille. Dein ständiges Denken verwehrt dir den Zugang zur geistigen Welt. Somit kommst du nicht in dein SELBST, das angebunden ist an die geistige Welt. Gib der Stille eine Chance, das heißt, übe dich in der Meditation, wann immer du kannst, auch wenn es nur ein paar Minuten zwischendurch sind. Damit lässt du das Geistige in das Materielle einfließen. Es wird dein Leben sehr bereichern.

22.

Die Stille

ist ein Ort der

Begegnung mit Gott.

Je mehr ich Gott in

mein Leben einlade,

desto mehr wird er

mein Leben

bereichern.

Illusion – relative Wahrheit – absolute Wahrheit

Wenn du tiefer in die Spiritualität eintauchst, wird dir wahrscheinlich immer mehr bewusst, dass diese materielle Welt weitgehend eine Illusion ist bzw. eine relative Wahrheit darstellt. Über die größte Illusion habe ich schon ausführlich berichtet: Sie ist die Illusion deines Egos, ein Körper zu sein.

Dein Ego glaubt grundsätzlich, jemand zu sein.

Dazu möchte ich noch genauer erläutern, was ich unter einer Illusion, unter der relativen Wahrheit und unter der absoluten Wahrheit verstehe, damit wir uns richtig verstehen. Ich werde auch ein paar Beispiele anführen.

Eine Illusion ist etwas, das wir auf eine Art wahrnehmen, die sich sehr richtig anfühlt, aber nicht richtig ist - es ist eine subjektive Wahrnehmung. Wenn dein Ego, also dein Verstand, glaubt, du bist ein Körper, dann ist das eine Illusion. Du bist kein Körper, du hast einen Körper. Er ist zurzeit dein Zuhause, in dem du - deine Seele - wohnt. Dein Körper ist gleichzeitig ein Lern- und Erfahrungsinstrument, mit dem sich deine Seele hier in dieser materiellen Welt ausdrücken kann. Aus dieser Illusion, ein Körper zu sein, leiten sich weitere Illusionen ab. Zum Beispiel die Illusion, dass du sterben kannst. Du, als geistiges Ebenbild Gottes, kannst nicht sterben. Du bist ewiger Geist - deine Seele ist reines Bewusstsein, oder göttlicher Geist. Du bist das Leben.

Eine weitere abgeleitete Illusion ist, dass du krank werden kannst. Reiner Geist kann nicht krank werden, Du bist das Leben selbst, du bist vollkommene Liebe, die vollkommene Liebe hat die Eigenschaft vollkommen gesund zu sein. Es gibt in diesem Zusammenhang keine Krankheit, im physischen Sinn. Solange du dich mit einem Körper identifizierst, kannst du natürlich krank werden. Es ist die Frage, wie lange du noch in der Illusion lebst und wann du bereit bist, die Illusion in deinem Denken aufzugeben.

Eine weitere Illusion deines Egos ist es, jemand zu sein. Wenn du kein Körper bist, wie willst du dann etwas sein? Diese Figur „Vorname Nachname" ist eine Bezeichnung für deinen materiellen Körper auf dieser Erscheinungswelt. Das Wort „Persona", bedeutet Maske - es ist deine vorübergehende Erscheinung auf dieser Bühne. Deine Seele, die göttliche Präsenz ist, ist in einen Körper inkarniert, und deine Eltern haben diesem Körper einen Namen gegeben. Solange dein Ego glaubt, jemand zu sein, wirst du leiden. Erst die Bewusstwerdung das du nichts außerhalb von Gott bist, erlöst dich vom Leiden und schenkt dir die Befreiung. Es ist eine Illusion zu glauben, dass du etwas außerhalb von Gott sein kannst. Dies ist unmöglich, weil Gott ist alles was ist – alles was lebt. Die Materie ist nur deine Erscheinungsform. Dahinter steckt dein geistiges SELBST, das du bist - die geistige Ausdehnung Gottes.

Mit dieser Befreiung löst sich dein Ego quasi auf, und du hast quasi keine persönliche Identität mehr. Das schaut zunächst aus, als wäre dies ein Verlust, es ist jedoch die größte Befreiung, die dir passieren kann. Mit dieser Befreiung gibst du dich Gott zurück. Du hast die Illusion durchschaut und dies führt dich in einen inneren Frieden, den du vorher nicht kanntest. Deine Identität als „Vorname Nachname" ist jetzt eine relative Wahrheit geworden. In deinem Geist weißt du, das es eine Illusion ist, aber in dieser materiellen Welt - auf dieser Bühne Erde - ist es eine relative Wahrheit.

Schauen wir uns nun gleich die relative Wahrheit an, die der Illusion sehr nahesteht. Es sind die Wahrheiten auf dieser Bühne Erde, die wir als Wahrheit wahrnehmen, aber im Grund doch Illusionen sind, - deshalb relativ. Es kommt dabei sehr auf den Standpunkt des Betrachters an, ob etwas für ihn eine relative Wahrheit ist oder nicht. Aus der Sicht des Egos ist dieses Leben als „Vorname Nachname" in der materiellen Welt die Wahrheit. Aus der Sicht des erwachten Bewusstseins ist dieses Leben als „Vorname Nachname" eine Illusion. Deshalb ist es eine relative Wahrheit - je nachdem, ob du es aus der Sicht des Egos oder aus der Sicht eines erwachten Bewusstseins betrachtest. Ich habe dann die Position gewechselt und bin der absoluten Wahrheit nähergekommen. Wenn du beginnst zu erwachen, wird dieses Leben als „Vorname Nachname" zunehmend eine Illusion für dich. Es wird ein Spiel, das du nicht mehr so todernst nimmst wie bisher. Es trägt maßgeblich zu deiner Befreiung bei, dieses Leben als Spiel zu betrachten.

Ein weiteres Beispiel für die relative Wahrheit ist die Sache mit dem Besitzen. Wenn du glaubst, du bist jemand, dann glaubst du auch, dass du etwas besitzen kannst. Du kannst glauben, du besitzt ein Haus, nur weil wir hier in dieser materiellen Welt in ein Besitzbuch eingetragen werden. Das kann deinem Ego ein gutes Gefühl geben, aber mehr nicht. Es kann auch ein sehr befreiendes Gefühl sein, nichts zu besitzen - genauso befreiend, wie das Gefühl sein kann, nichts zu sein. Zu glauben etwas besitzen zu können, kann also für dich die Wahrheit sein. Für mich ist es eine Illusion etwas zu besitzen, weil mein ICH schon eine Illusion ist. Es ist also eine relative Wahrheit.

Solange wir also dieses Spiel des Lebens - dieses „Menschsein" - spielen, werden wir unweigerlich immer wieder mit relativen Wahrheiten konfrontiert werden. Dieses Spiel des Lebens ist grundsätzlich eine Illusion, aber innerhalb dieser Illusion sind es die scheinbaren Wahrheiten, mit denen wir konfrontiert werden und die wir als relative Wahrheit zur Kenntnis nehmen müssen. Es sind sozusagen die Spielregeln des Lebens, die diese relative Wahrheit darstellen, und in diesem Spiel müssen wir diese relativen Wahrheiten als solche akzeptieren.

Kommen wir nun zur absoluten Wahrheit: Die absolute Wahrheit ist jene Wahrheit, die immer und ewig Gültigkeit hat. Diese Wahrheit heißt „Gott". Es ist die einzige und ewige Wahrheit - es ist das Leben selbst. Sie ist die Schöpfung – das Absolute - und nicht weniger als das - sie ist Gott.

Unsere Seele - unser Selbst, ist eine geistige Ausdehnung dieses Lebens, das immer und ewig Bestand hat. Dieses ewige Sein ist unsere absolute Wahrheit. Was auch immer in unserem Leben als „Vorname Nachname" geschehen mag, hat keine Auswirkung auf unser ewiges Sein. Es beeinflusst nur unseren Bewusstseinszustand. Diese Erde, auf der wir wohnen, ist ein winziger Schauplatz in diesem unendlichen Universum, das seit Millionen Jahren besteht. Sie ist eine Art Spielwiese, auf der wir uns als reines Bewusstsein weiter entwickeln können, um die Bewusstseinsebenen emporzusteigen. Unser Körper ist dabei unser vorübergehendes Lern,- und Erfahrungsinstrument.

23.

In der

Spiritualität

unterscheiden wir,

zwischen Illusion,

relativer Wahrheit

und absoluter

Wahrheit.

Nur mein

ewiges SEIN

stellt die absolute

Wahrheit

dar.

Beende dein Leiden

Du hast schon sehr viel darüber gelesen, wie du dich auf deinem spirituellen Weg weiterentwickeln kannst und was dir dabei im Weg stehen kann. Es ist wichtig zu verstehen, dass du die Präsenz Gottes bist. Du bist eine geistige Ausdehnung der göttlichen Schöpfung - du bist das Leben selbst. Mit allem verbunden und vor allem untrennbar mit Gott verbunden.

Es gibt keinen Gott, der uns sagt, was wir zu tun und zu lassen haben und wie wir unser Leben meistern sollen. Du kannst leben wie du willst. Aber lebe mit Freude und Liebe und reduziere das Leiden, das wir durch unser Ego erzeugen - wie zum Beispiel, Angst, Gewalt, Hass, Neid, Missgunst, Eifersucht, üble Nachrede, Feindseligkeit, etc.

Je mehr Freude und Liebe du in dein Leben bringst, desto mehr Freude und Liebe gibst du dem Leben, also Gott zurück. Wir stehen alle in Resonanz zueinander und vor allem mit Gott, weil wir alle verbundene Teile Gottes sind. Deine Seele soll lachen und glücklich sein - nur so machst du Gott und den Rest der Welt etwas glücklicher. Beenden wir gemeinsam das Leid auf dieser Welt. Jeder kann seinen Beitrag dazu leisten.

Ich bin völlig davon überzeugt, dass wir aus unserem Ego-Denken aussteigen können, wenn wir uns mehr mit unserem Selbst verbinden - in der Meditation. Wir erweitern unser Bewusstsein und erkennen, dass es nur unser Ego ist, das leidet und unzufrieden ist. Dein Selbst - deine Seele - hat keinen Grund, unglücklich zu sein. Gehe über dein Denken hinaus, verbinde dich mit dem Heiligen Geist und beginne, dein Ego von außen als etwas wahrzunehmen, das nicht du bist. Dieses Ego ist eine Instanz in dir, die sich klein und verloren fühlt. Es hat Angst, weil es sich als von Gott getrennter Körper wahrnimmt, und dadurch leiden wir. Du kannst dieses Leiden nur beenden, indem du erkennst das du nicht das bist, wofür sich dein Ego hält. Dabei hilft dir die Meditation und die Korrektur in deinem Geist - in deinem Bewusstsein.

Ein weiterer wichtiger Schritt ist, mit deiner Vergangenheit abzuschließen. In der Vergangenheit warst du vermutlich immer in deinem Ego, du wusstest von deinem Selbst noch nichts. Folglich hast du immer gelitten und dadurch auch das Leid in dein Leben angezogen. Das Gesetz der Resonanz ist ein Naturgesetz und bringt das in dein Leben, was du ausstrahlst. Gib also niemanden anderen die Schuld für dein Leid, das du erlebt hast, sondern übernimm selbst dafür die Verantwortung.

Wenn du mit jemand ein Problem hattest oder hast, dann mach reinen Tisch. Wenn möglich sprich dich mit der Person aus, verzeihe und vergebe ihr und vergebe auch dir für das, was du vermeintlich nicht richtig gemacht hast. Wenn du keinen Kontakt mehr herstellen kannst oder willst, dann kannst du auch für dich Frieden schließen mit dieser Person - auch wenn sie nicht mehr am Leben ist, in dieser materiellen Welt. Schreibe einen Brief der Vergebung, der Versöhnung, und gehe dabei ins Detail. Schreibe alles nieder, was du dieser Person vorhältst und wofür du ihr dankbar bist. Schreibe auch nieder, was du dir vorhältst und das du ihr vom Herzen vergibst. Du musst diesen Brief nicht abschicken - es ist ein Frieden schließen in deinem inneren. Die Verletzungen, die Wut und der Groll, muss sich in dir auflösen. Ich habe viele solcher Briefe geschrieben, meinen Eltern, Expartnerinnen, meinen Geschwistern, allen die mir nahestehen und mit denen ich irgendwann in engerer Verbindung stand. Es ist wichtig für unser Seelenheil, das wir Frieden in uns schließen. Nur so wird deine Seele frei und glücklich. Sie kann dann den Weg gehen, der für Sie bestimmt ist - den Weg der Freude und der Liebe.

Es ist nur eine Entscheidung, zu vergeben und mit deiner Vergangenheit abzuschließen. Alles was jemals passiert ist, ist vorbei, du kannst es nicht ungeschehen machen. Ob du nun verzeihst oder nicht. Es ist aber jetzt und für deine Zukunft, besser für dich, du verzeihst. Du kannst dich heute entscheiden, ein neues Leben anzufangen und in dein Selbst - in deine Freude und Liebe - zu kommen. Dabei lässt du die Vergangenheit los, weil es dann ab sofort ein altes Thema ist. Gestern warst du vielleicht noch im Ego - in der Angst - in der Opferrolle - in der Wut - im Groll -, aber heute ist ein neuer Tag. Du kannst dich jeden Tag neu entscheiden, etwas mehr dein Ego zu hinterfragen, etwas mehr über dein Ego hinaus zu gehen. Dein Selbst ist die Freude, ist die Liebe. Es ist angeschlossen an den Heiligen Geist - dort gibt es kein Leiden. Dein Selbst ist dein ewiger, göttlicher Teil an dir. Es ist dein wahres ICH.

Dein Ziel sollte es sein, in deinem Selbst völlig anzukommen. Dann bist du frei, dann hast du deine Seele heimgebracht. Die Meditation ist dabei ein wichtiger Faktor auf diesem Weg. Je mehr du dich in der Meditation mit dem Heiligen Geist - mit Gott - verbindest, desto schöner und freier wird dein Leben. Beginne ein Leben im freudigen SEIN und in freudiger Erwartung auf das, was kommt. Gott greift dir dann quasi unter die Arme und holt dich ab. Dein Leiden wandelt sich dann in Freude und Liebe um.

24.

Mein Leiden

findet immer nur in

meinem Ego statt, weil es

sich als von Gott

getrennter Körper

wahrnimmt.

Wenn ich über

mein Ego hinaus gehe,

in mein Selbst,

beende ich mein

Leiden.

Die bewusste Hingabe an Gott

Über die Hingabe habe ich schon in Band 1 geschrieben, aber ich möchte nochmals darauf eingehen, weil sie ein wesentliches Element am spirituellen Weg ist.

Ich höre immer wieder, dass Menschen berichten, dass sie in schwierigen Zeiten wie Krankheit oder Unfall, begonnen haben, sich der Spiritualität - sich Gott - zuzuwenden. Ich persönlich hatte auch eine Phase in meinem Leben, in der ich nicht wusste, wie es weiter gehen soll. Damals betete ich zu Gott, dass er doch bitte mein Leben in die Hand nehmen und mir meinen Weg weisen möge. Ich glaubte schon immer an einen Gott, obwohl meine Vorstellung von Gott damals noch nicht so klar war wie heute. Dieses Gebet zu Gott war sehr emotional und sehr wegweisend für meine weitere Zukunft. Aus heutiger Sicht kann ich sagen, das von diesem Zeitpunkt an mein Leben eine neue Richtung genommen hat. Ich hatte von da an ein Gefühl von Leichtigkeit, so als würde ich „gelebt" werden. Die Vorstellung, das Gott mein Leben von diesem Zeitpunkt an in die Hand genommen hat und ich mich vertrauensvoll von ihm führen ließ, trifft es auf den Punkt.

Heute bin ich der festen Überzeugung, dass es diese Hingabe an Gott braucht, um sich Gott zurückzugeben. Es ist eine Aufgabe deines eigenen Egos, die eine Einbindung deines Lebens - deines Daseins - in das göttliche Leben darstellt. Wir sind alle Teile des Göttlichen und alle Teile des Lebens. Das Leben hat einen Plan mit uns, und wenn wir unser eigenes Ding machen wollen, dann kämpfen wir gegen das Leben an. Erst wenn wir unser eigenes Ego zurücknehmen, kommen wir in den Flow des Lebens.

Dabei wirft sich die Frage auf: Hat das Leben eines Menschen einen Selbstzweck? Aus heutiger Sicht wüsste ich nicht, welchen Selbstzweck mein Leben haben sollte. Warum sollte Gott mich auf die Erde bringen, damit der Christian Lipp seinen Spaß hat? Aus der Sicht eines erwachten Bewusstseins hat das Leben keinen Selbstzweck mehr, da ich weiß, dass mein ICH nur eine Illusion ist. Also, was soll eine Illusion an sich schon für einen Zweck haben?

Es ist auch sehr befreiend, nichts mehr vom Leben zu erwarten, oder nach einem Sinn des Lebens zu suchen. Ich lebe einfach in den Tag hinein, genieße mein Sein von Tag zu Tag und schaue, was das Leben mir heute Schönes bringen mag. Ich habe schon über Wahrheit und Illusion gesprochen: Es gibt nur eine Wahrheit, und die heißt Gott. Wir sind alle die Ausdehnung Gottes. Sobald du bereit bist, aus deiner eigenen ICH-Illusion auszusteigen, wirst du Frei.

Die Hingabe an Gott ist also grundsätzlich eine Entscheidung. Du musst damit nicht warten, bis du in einer schwierigen Lebensphase bist. Du kannst diese Hingabe jederzeit machen, am besten in einem Gebet, mündlich oder schriftlich. Manchmal drängt uns das Leben in Situationen, die ausweglos erscheinen, um endlich aufzuwachen und uns Gott zuzuwenden. Dies ist nicht notwendig, wenn wir verstehen, das die Zuwendung - die Hingabe an Gott - der Beginn einer besonderen Beziehung zu Gott sein kann. Das größte Hindernis ist scheinbar nur die Angst vor der Liebe. Ein weiteres Hindernis kann sein, das wir uns an unser Leiden schon so gewöhnt haben, dass wir es nicht mehr aufgeben wollen. Schade eigentlich.

25.

Erst durch die

bewusste Hingabe an

Gott, eröffne ich mir

den Weg zu einem

befreiten

Leben.

Die bewusste Erziehung deines Egos

Wenn du es ernst meinst mit deinem Erwachen, mit deiner Befreiung aus den Fesseln deines Egos, dann beginne, dein Ego bewusst zu erziehen, oder besser gesagt, zu läutern. Mit läutern meine ich, dass du zum bewussten Lehrer deines Egos wirst. Du korrigierst damit die falsche Vorstellung deines Egos von deiner Identität, ein von Gott getrennter Körper zu sein, und befreist dich von der damit verbundenen Angst. Du transzendierst dein starkes Ego. Denke nochmal nach was, dein Ego ist. Wir verwechseln es oft mit einem starken Geist. Doch dein Ego ist kein starker Geist, sondern eine unkontrollierte Instanz in deinem Verstand, die ein falsche Vorstellung hat, was du eigentlich bist. Dein Ego glaubt, du bist ein von Gott getrennter Körper aus Fleisch und Blut. Diese falsche Vorstellung verursacht Leid. In dem Zusammenhang, glaube nicht deinem Spiegel, er lügt. Er zeigt dir nur deine Maske, er zeigt dir nicht dein wahres ewiges ICH. Verstehe: Du bist reiner Geist, reines Bewusstsein. Du hast zurzeit einen Körper, mit dem du dich ausdrücken kannst - aber du bist kein Körper. Er ist dein vorübergehender Auftritt auf dieser Bühne - die Sichtbarmachung deiner Seele. Er ist das Instrument, mit dem du die Fähigkeit hast, dein Bewusstsein zu transformieren.

Die Läuterung deines Egos ist ein Segen - für dich als Seele und für dich als Mensch. Ich sagte schon einmal: „Ein schwaches Ego, macht dich stark". Wenn du bewusst dein Ego läuterst, ist das der Beginn eines göttlichen Lebens. Du gibst dich Gott zurück, du wirst zum Ebenbild Gottes, du transformierst dein Egobewusstsein zum Gottesbewusstsein, du wirst zum Licht der Welt. Dies ist meiner Meinung nach der Hauptzweck, warum wir hier sind.

Es ist der spirituelle Hauptzweck unseres Lebens als Menschen: mit unserem Körper, niederes Bewusstsein zu höherem Bewusstsein zu transformieren. Nur wir Menschen haben mithilfe unseres Körpers diese Fähigkeit, weil wir lieben, denken und fühlen können.

Dir muss klar sein, dass dein Ego eine falsche Vorstellung deiner selbst ist. Diese falsche Vorstellung unseres Egos ist es, die das Leid jedes Einzelnen und das Leid allgemein verursacht. Nur wenn wir über die Macht unseres Egos hinausgehen, können wir daraus aussteigen. Wir brauchen kein Ego - und schon gar nicht ein starkes Ego, das Angst hat und sich in Wirklichkeit klein und schwach fühlt. Unser Ego soll nur mehr eine untergeordnete Funktion haben, wie zum Beispiel: „will ich heute Pizza oder Spaghetti essen". Dein Ego ist gut für deine individuellen Vorlieben, deine persönlichen Bedürfnisse oder die Bewältigung deiner täglichen Aufgaben in deinem Beruf. Dazu sind dein Ego und dein Verstand gut - aber es soll nicht dein Leben beherrschen. Du sollst kein Leben im Egobewusstsein leben, sondern ein Leben im Gottesbewusstsein.

Wenn du dein Egobewusstsein transformierst, hast du den Gottheitszustand erreicht. Es ist der Zustand, in dem du dein wahres SELBST lebst. Du fühlst dich angekommen, du bist befreit, weil du den Sinn des Lebens erfüllt hast. Du hast damit hier auf der Erde als Mensch deine Hausaufgaben gemacht und wirst einen unbeschreiblichen Frieden in dir finden.

Wir brauchen das Ego nicht zum Leben. Ich weiß es aus eigener Erfahrung. Was wir brauchen, ist einen starken und bewussten Geist. Ein Bewusstsein das einen hohen Grad an Schwingung hat. Je höher, desto besser. Ego hat eine

niedere Schwingung, Liebe hat eine hohe Schwingung.
Wenn du im Gottesbewusstsein angekommen bist, wenn
du transformiert bist, dann bist du Liebe. Du bist dann Teil
des allumfassenden, göttlichen Bewusstseins das Liebe ist.
Du lebst dann durch die Führung des Heiligen Geistes -
diese Führung ist deine Intuition.

Solange dein Ego eine starke Präsenz hat - solange du
noch in deinem Denken bist - solange wirst du von deinem
Ego geführt. Der Heilige Geist hat dann keinen, oder nur
wenig Zugriff auf dich, weil du nicht offen dafür bist. Erst,
wenn du dein Denken beruhigst, wirst du offen für den
Heiligen Geist. Je kleiner dein Ego ist, desto größer wird
dein innerer Frieden. Dein Frieden wird deshalb größer,
weil der Heilige Geist bei dir eingezogen ist. Der Heilige
Geist ist sehr heilsam und friedlich - er ist deine wahre
Natur. Ich bin völlig davon überzeugt, dass die
Entscheidung, aus deinem Ego ein schwaches Ego zu
machen, dich in einen inneren Frieden führt. Denke mal
daran, was die Mönche in einem tibetischen Kloster
machen: Sie meditieren und leben ein befreites Leben im
Frieden und ohne Leid. Sie sind absolut genügsam, weil sie
das gefunden haben, was Ihnen wirklich Frieden gibt - sich
selbst. Sie sind bei Gott angekommen.

Wie erzieht man jetzt sein übermächtiges Ego? Ich habe es
eigentlich schon gesagt: In erster Linie durch die
Meditation. Denn in der Meditation wird sich immer dein
Ego melden und wird dich aus der Stille reißen wollen. Du
kannst hier dein Ego in die Schranken weisen und durch
deinen starken, bewussten Geist entgegenwirken. Nur mit
zunehmender Bewusstheit kannst du lernen, dein Ego zu
kontrollieren. Das erkennst du sofort, wenn du dich dazu
entschließt heute eine Stunde zu meditieren. Einen starken,

bewussten Geist, ist das, was wir brauchen. Verstehe also, das eigentlich ein schwaches Ego Voraussetzung für ein Leben in Glück und inneren Frieden ist. Es wird auch oft fälschlicherweise angenommen, dass man ein starkes Ego braucht, um zu überleben, oder um sich durchzusetzen. Ich sage dir dazu folgendes: Erstens ist die Illusion zu sterben auch nur ein Hirngespinst des Egos, denn du bist reines - ewiges Bewusstsein, du kannst nicht sterben. Dein Körper wird irgendwann wieder zu Staub und Asche werden, das wird er mit und ohne starkes Ego. Und zum Thema Durchsetzen: Ist es nur ein Zeichen eines noch starken Egos, wenn man nicht verlieren kann. Sei es im Sport oder in anderen Belangen. Es macht auch meiner Meinung nach einen Menschen nicht sympathischer, wenn er nicht verlieren kann und akzeptiert, dass wir alle gleichgestellt sind und jeder gleichermaßen das Glück haben soll, seine Erfolge zu feiern. Ein wirklich selbstbewusster Geist steht über der Sache drüber und kann seinen Mitmenschen zu seinem Erfolgen einfach herzlich gratulieren, auch wenn er dabei selbst als Verlierer dasteht. Da schlägt sich der „Wir sind alle eins" Gedanke durch und zeigt von einer wahren selbstbewussten Größe. Ich kann auch aus eigener Erfahrung sagen, dass man mit einem schwachen Ego genauso gute Leistungen im Sport oder im Beruf bringen kann - wenn nicht sogar bessere, weil der Heilige Geist in dir - dein Gottesbewusstsein seinen Teil dazu beiträgt. Es ist grundsätzlich eine Entscheidung, einfach eine gute Leistung zu bringen, abgesehen davon, wer jetzt im Moment der bessere sein mag. Dies ist letztendlich wirklich nur Nebensache. Also mein Tipp: Lerne auch zu verlieren, es läutert dein Ego und du wirst mit einem neuen, echten Selbstbewusstsein in dein wahres göttliches Potential kommen.

26.

Die bewusste

Erziehung meines

starken, übermächtigen Egos,

hilft mir, in mein göttliches

Bewusstsein

zu kommen.

Die bewusste Korrektur deines Geistes

Neben der Erziehung deines Egos ist ein weiteres wichtiges Element am Weg zur Befreiung die bewusste Korrektur deines Geistes. Das Ego ist die Instanz in deinem Verstand, die Angst hat und die ums Überleben kämpft. Aber dieses Ego wird gebildet und genährt von deinen falschen, unterbewussten Glaubensätzen in deinem Geist. Es sind grundlegenden Glaubenssätze, die dir Angst machen und die dich in deiner Kleinheit bestärken. Erst die Korrektur dieser Glaubenssätze lassen dich aufwachen und holen dich heraus aus den unteren Bewusstseinsebenen.

Ich werde jetzt einige falsche Glaubenssätze aufzählen, die so oder so ähnlich, vermutlich in vielen Menschen schlummern, und ich werde auch gleichzeitig die korrigierte Sicht darstellen.

Falsche Glaubenssätze:

1.) Ich bin ein von Gott getrennter Körper aus Fleisch und Blut.

Korrektur: Ich bin kein Körper, sondern reiner Geist, reines Bewusstsein und auf immer und ewig untrennbar mit Gott verbunden.

2.) Wenn mein Körper stirbt, ist alles aus.

Korrektur: Mein Körper ist nur meine Maske, - mein derzeitiger Auftritt in diesem einem Leben als Mensch, das ein Leben von vielen ist, die ich schon gelebt habe.

3.) Ich habe nur dieses eine Leben mit diesem Körper.

Korrektur: Dieses derzeitige Leben als „Vorname Nachname" ist nur ein Wimpernschlag, im Vergleich zu deinem ewigen SEIN, dass du schon immer warst und immer sein wirst, da du ewiges Bewusstsein bist.

4.) Mein Körper ist das, was ich sehe, also bin ich ein Körper.

Korrektur: Deine Essenz, dein wahres und ewiges Bewusstsein, kannst du nicht sehen. Du siehst nur die Maske, die wir Körper nennen. Es ist eine Illusion.

5.) Es gibt kein Leben nach dem Tod.

Korrektur: Es gibt keinen Tod in deinem ewigen Leben. Dein Körper ist dein derzeitiges Lern,- und Erfahrungsinstrument, das du nach einiger Zeit wieder verlassen wirst. Wir nennen dieses Verlassen den Tod. Dein Leben geht aber dann ohne Körper weiter - freue dich auf das Danach.

6.) Ich bin mein Körper, sonst würde ich nicht leben.

Korrektur: Dein Körper ist reine Materie. Du kannst nicht Materie sein, du bist die Seele, die deinen Körper erst das Leben einhaucht. Du bist das Leben, das reines, göttliches und ewiges Bewusstsein ist.

7.) Mein Ego ist mein einziges und wahres ICH.

Korrektur: Dein Ego ist deine fälschliche Ich-Vorstellung in deinem Verstand, das sich als von Gott getrennter Körper wahrnimmt und darum Angst hat. Dein einziges und wahres Ich, ist dein SELBST oder deine Seele. Das ist dein ewiges, geistiges SEIN - dein Bewusstsein.

8.) Dieses Denken und Grübeln, diese Sorgen und diese Angst in meinem Kopf, ist mein Verstand und kommen aus meinem wahren ICH.

Korrektur: Nur dein Ego verursacht dieses Denken in deinem Kopf. Da dein Ego nur deine eingebildete Ich-Vorstellung ist, ist dieses Denken und diese Angst nicht wirklich echt. Es ist eine Illusion, die sich echt anfühlt, wenn man im Ego Bewusstsein gefangen ist.

9.) Gott ist der Herr im Himmel.

Korrektur: Gott ist kein Herr und auch nicht im Himmel. Gott ist das allumfassende, ewige, schöpferische Bewusstsein, das überall und in jedem von uns existiert.

10.) Ich bin von Gott getrennt.

Korrektur: Gott ist der allumfassende Heilige Geist. Er ist das Leben selbst, und ich und du sind untrennbar mit ihm verbunden, da wir alle ein Teil davon sind.

11.) Gott ist irgendwo da draußen zu finden, vielleicht im Himmel, in der Kirche oder in einer Religion.

Korrektur: Du findest Gott nur in dir Selbst. Nur in deinem Herzen kannst du eine Verbindung zu Gott herstellen, da du untrennbar mit Gott verbunden bist.

12.) Gott liebt mich nur, wenn ich mich richtig verhalte, so wie es die Kirche vorgibt.

Korrektur: Gott ist die Liebe und das allumfassende Bewusstsein, das auch in dir steckt. Daher kann Gott dich nur in dem Maße lieben, indem du dich selbst liebst. Es gibt keinen strafenden Gott, es gibt nur Karma.

Ich könnte die Liste jetzt noch verlängern, aber ich möchte mich auf die wesentlichen allgemeinen Glaubensätze beschränken. Es hat vermutlich jeder Mensch noch so seine eigenen Glaubensätze gespeichert, die ihm durch die Erziehung und durch die Einflüsse von außen eingeprägt wurden. Hast du dich in einigen Glaubenssätzen wieder erkannt? Bist du bereit, deine Glaubenssätze zu korrigieren? Auf Verstandesebene hast du vielleicht schon einiges korrigiert, aber vermutlich ist in deinem Unterbewusstsein das eine oder andere noch falsch programmiert. Diese Umprogrammierung braucht Zeit. Ich würde dir dazu auch die weiterführende Literatur empfehlen, wie z.B. die Regulus Botschaften, oder die Gespräche mit Gott.

Die Korrektur in deinem Geiste ist ein wesentlicher Punkt auf deinem Weg. Manche arbeiten jahrelang mit dem „Kurs in Wundern". Ich persönlich habe den Kurs nicht verwendet, habe ihn erst nach meiner Erleuchtung kennen gelernt und glaube, dass dies auch ein Weg ist, den man gehen kann. Wichtig ist, dass du deinen Weg gehst und weitermachst, so oder so. Irgendwann auf deinem Weg kommt dann der Zeitpunkt, an dem du merkst: Ich bin durch, ich bin angekommen.

Es wird darauf ankommen, wie sehr du es willst, wie sehr du bereit bist, dich der Wahrheit hinzugeben. Denn es gibt nur eine Wahrheit, und die heißt Gott. Dieser Gott ist alles was ist, und steckt in jedem von uns. Wenn du diesen Gott in dir findest, dann wird dich dies einmal so richtig flashen. Dann beginnt ein neues, befreites Leben für dich - ein Leben an der Seite Gottes.

27.

Um bei Gott

anzukommen, benötige

ich eine Korrektur meiner

Glaubenssätze.

Erst dadurch

wird der Weg

frei zum

Gottesbewusstsein.

Der Sinn des Lebens

Um über den Sinn des Lebens zu philosophieren, müssen wir uns einmal darauf einigen, ob wir über die Illusion sprechen oder die absolute Wahrheit. Aus der Sicht eines erwachten Bewusstseins ist dieses Leben als „Vorname Nachname" natürlich nur eine Illusion. Wenn wir von unserem Leben sprechen, meinen wir aber in der Regel dieses Dasein in unserem derzeitigen Körper, dass eine vorübergehende Illusion darstellt. Im Hinblick darauf, dass diese Illusion unter uns Menschen eine allgemein gültige Bezeichnung für „das Leben" ist, ist es also unsere relative Wahrheit. Okay haben wir das geklärt. Wir sprechen also erstmal über die relative Wahrheit, also unser Leben als „Vorname Nachname".

Meinst du, hat dieses Leben als „Vorname Nachname" einen Selbstzweck? Aus meiner Sicht kann ich mir nicht vorstellen, dass dieses Leben irgendeinen Selbstzweck haben soll. Was soll der Selbstzweck sein? Betrachten wir einmal das Geld. Für viele Menschen ist ja das Geld eine sehr wichtige Sache. Soll dies ein Selbstzweck sein, dass ich in diesem Leben € 10 000 000.- verdient habe? Wenn ich wieder aus meinem Körper gehe, ist das Geld für mich unwichtig geworden. Wo ist da der Selbstzweck?

Genauso ist es mit dem Erfolg. Auch dieser hat keinen Selbstzweck. Teilweise kann der Erfolg einem höheren Zweck dienen, je nachdem, in welchem Bereich wir Erfolg haben. Alles, was wir hier als „Vorname Nachname" machen, ist nur ein Spiel. In ein paar Tagen ist es wieder vorbei. Wo ist da der Selbstzweck? Ich glaube, je mehr wir nach einem Selbstzweck des Lebens suchen, desto frustrierter werden wir, weil es diesen Selbstzweck nicht gibt. Der Selbstzweck unseres Egos sollte sich darauf beschränken, zu erfahren, wer wir wirklich sind, und in diesem erwachten Zustand ein Leben in Liebe, Freude und Leichtigkeit zu leben.

Kommen wir nun zur absoluten Wahrheit, also zu Gott. Warum hat Gott den Menschen erschaffen? Gibt es da einen höheren Zweck? Ich denke, ja. Der höhere Zweck des Lebens ist es meiner Meinung nach, Bewusstsein zu transformieren. Wir Menschen sind durch unseren Körper, durch unser Energiesystem, in der Lage, Bewusstsein zu transformieren. Niederes Bewusstsein in höheres Bewusstsein, Ego-Bewusstsein in Gottes-bewusstsein. Hohes Bewusstsein oder Gottes-bewusstsein ist die Liebe. Wir transformieren nieder schwingendes Bewusstsein, wie Angst, in hoch schwingendes Bewusstsein, die Liebe. Dieser Prozess des Transformierens ist gleichzusetzen mit dem „sich selbst erkennen". Ich erkenne mich selbst in dieser Dualität und erfahre mich als ein untrennbarer Teil von Gott. Dadurch bin ich erleuchtet und habe das Gottesbewusstsein erreicht. Die Dualität auf dieser Erde trägt maßgeblich dazu bei, dass wir uns hier selbst erkennen können und dass wir dadurch unser Bewusstsein transformieren können.

Wenn wir unseren Selbstzweck aufgeben, das heißt unser Ego fallen lassen, beginnen wir, unser Bewusstsein zu transformieren. Wir erfüllen dann den eigentlichen Sinn unseres Daseins als Mensch. Wir geben uns der Liebe hin. Wir bringen unsere Seele, die reines Bewusstsein ist, nach Hause, zu Gott. Dies macht unsere Seele sehr glücklich und wirkt sich unmittelbar positiv auf unser Leben als Mensch aus.

Einen weiteren höheren Zweck hat das Leben als Mensch auch noch: Jeder von uns trägt seinen Teil dazu bei, diesen Schauplatz Erde, der eine Dualität darstellt, für die nächste Generation in einem guten Zustand zu erhalten. Dazu hat jeder seine Talente, die er in diesem Leben gut einsetzen kann. Das gibt unserem Ego zusätzlich Erfüllung und das Gefühl gebraucht zu werden. So gesehen ist die Erfüllung des höheren Zwecks eine wunderbare Art, sein Leben in Leichtigkeit, Freude und Liebe zu leben. Ich weiß, wovon ich spreche. Ich verfolge keinen Selbstzweck mehr. Das macht mich ungemein frei und hat eine ungemeine Leichtigkeit.

Ich glaube, wenn wir verstehen, dass wir nichts außerhalb von Gott sind - also das wir nichts Eigenständiges darstellen, sondern nur die Ausdehnung Gottes mit unterschiedlichen Masken sind - dann verfolgen wir auch keinen Selbstzweck mehr. Wir haben uns dann Gott zurückgegeben und sind absolut frei. Du lebst im Jetzt, im gegenwärtigen Augenblick, und lässt dich einfach durch deine Intuition führen. Du wirst gelebt. Es ist herrlich. Ich betone an dieser Stelle nochmal, wie wichtig ich die Hingabe an Gott erachte.

Durch Loslassen des eigenen Willens kommen wir zu einem wunderbaren Leben, das Gottes Wille ist. In der Bibel heißt es schon: „Dein Wille geschehe". Gib dich einfach Gott hin, vergiss deinen Selbstzweck. Gott lebt durch dich, er drückt sich durch dich aus. Etwas Schöneres gibt es nicht. Lass alles fallen, was dich davon abhält.

28.

Erst durch die

Erfüllung des höheren Zwecks,

mich selbst zu erkennen,

finde ich absoluten

Frieden in mir.

Sei offen für die Liebe

Wenn du zur Liebe werden willst, ist es naheliegend, für die Liebe offen zu sein. Konkret möchte ich nun auf die romantische Liebe eingehen. Die romantische Liebe umfasst natürlich auch die körperliche Liebe. Beides sollte im Einklang zueinanderstehen. Dein Herz sollte offen sein für die Liebe, und dein Herz sollte auch die Triebfeder für die körperliche Liebe sein. Wenn du mit deinem offenen Herzen liebst, dann hast du nicht eine Beziehung, in der man sich arrangiert, oder in der man sich braucht, um nicht allein zu sein. Nein, dann liebst du der Liebe wegen. Dann liebst du, weil du so viel an Liebe zu geben hast.

Die bedingungslose Selbstliebe ist hierfür eine wichtige Voraussetzung. Über die Selbstliebe habe ich schon einiges geschrieben. Die fehlende Selbstliebe ist oft das Hindernis, warum wir nicht die romantische Liebe finden können. Wenn du noch immer glaubst, irgendetwas erfüllen zu müssen, um wertvoll genug zu sein, um deine eigene Liebe und die der anderen wirklich zu verdienen, dann gehe noch mal in dich und wirf all deine Vorstellungen von deinem perfekten ICH über Bord. Vielleicht willst du nochmal das Kapitel auf Seite 30 lesen: „Die Selbstliebe lernen". Wenn deine Selbstliebe groß genug ist, wirst du unweigerlich auch die Liebe in Form eine/r Partners/in in dein Leben ziehen, wenn du offen dafür bist. Wenn du zurzeit in einer glücklichen Partnerschaft bist, dann ist das wunderbar.

Ich bin der Meinung das, dass verliebt sein meist der Erleuchtung vorausgeht. Bei mir war es so: Ich hatte so eine starke Verliebtheit, die ich bis dahin nicht kannte. 18 Monate danach war ich erleuchtet. Ich glaube auch, das die starke Verliebtheit und die körperliche Liebe die energetischen Voraussetzungen schaffen, die für die Erleuchtung notwendig sind. Es ist auch der Glückszustand ein sehr ähnlicher. Beim verliebt sein schwebt man auch auf Wolke 7, man ist in einem Ausnahmezustand, so wie man ihn sonst nicht kennt. Ähnlich ist es bei der Erleuchtung: Du kommst in die spirituelle Ektase und bist wie in Trance, in einem unglaublichen Zustand er Glückseligkeit.

Es ist auch der Weg dorthin ähnlich. Ich sagte schon mehrmals: Der Weg ist das Ziel. Ich meine, man kann das Verlieben nicht erzwingen und so ist es auch mit der Erleuchtung. Je mehr wir es wollen, desto schwieriger wird es. Wie sollten uns einfach nur dafür öffnen und die Weichen dafür stellen. Grundsätzlich solltest du glücklich sein und annehmen, was ist. Alles andere wird in dein Leben kommen, wenn du dich einfach dafür öffnest, aber nicht danach suchst. Siehe es wie ein Spiel: Verabrede dich mit anderen Singles aber erwarte dir nichts. Wenn du in dir ruhst, mit dir glücklich bist, so wie du bist, und dich liebst, so wie du bist, dann bist du auf die Liebe anderer nicht angewiesen. Genauso solltest du an die Sache heran gehen. Öffne dein Herz für die Liebe, aber suche sie nicht.

Was die Partnerwahl betrifft: Hast du ganz konkrete Vorstellungen von deinen/r Partner/in? Wie sie/er aussehen soll, oder was sie/er haben muss, oder sein muss? Sollte das so sein, dann suchst du die Liebe mit deinem Kopf. Glaubst du wirklich, dass du mit deinem Kopf die große Liebe finden wirst? Ich sage dir ganz klar: „NEIN". Mit deinem Kopf kannst du vielleicht eine/n Partner/in finden, ja, sicher. Aber ob das etwas mit Liebe zu tun hat, das weiß ich nicht. Wenn du eine/n Partner/in zum Angeben suchst, oder eine/n, die/der viel Geld hat, dann hat das wenig mit einem liebenden Herzen zu tun - das ist Berechnung.

Ich empfehle dir, einfach dein Herz für die Liebe zu öffnen und deinen Kopf dabei völlig auszuschalten. Du wirst es spüren, ob sie/er die/der richtige ist. Dein Herz wird tanzen wie nie zuvor. Aber höre auf, irgendwelche Bedingungen in deinem Kopf zu stellen. Die Liebe braucht keine Bedingungen, so wie bei deiner Selbstliebe. Die Liebe braucht nur die Liebe, und nur mit Liebe kannst du zu Liebe werden.

Oftmals sieht die große Liebe ganz anders aus, als man sich das vorstellt. Wirf deine Begrenzungen über Bord. Vielleicht hast du ein ganz konkretes Bild, wie sie/er aussehen soll. Eine echte Liebe liebt nicht mit den Augen, sondern mit dem Herzen. Es wird dir eine Frau oder ein Mann über den Weg laufen, und da ist plötzlich eine so starke seelische Anziehung, die du nicht begründen kannst. Aber sie/er siehst nicht so aus, wie du dir das in deinen Kopf vorgestellt hast. Mit konkreten Vorstellungen in deinem Kopf verschließt du dich wahrscheinlich für die große Liebe. Du wirst sie gar nicht sehen, wenn sie vor dir steht, weil deine Begrenzungen im Kopf dies verhindern. Wenn du deine Begrenzungen auflöst und dich einfach für die Liebe öffnest, wird sie unweigerlich in dein Leben kommen. Freu dich darauf - es gibt nichts Schöneres, als zu lieben.

29.

Wenn ich mich für

die Liebe öffne, und

die Begrenzungen in

meinem Kopf auflöse,

wird die Liebe in mein

Leben kommen.

Öffne dich für dein göttliches Sein

Auf deinem spirituellen Weg wird dir allmählich bewusst, dass du das Ebenbild Gottes bist. Wir sind ein untrennbarer Teil des ewigen, allumfassenden, intelligenten Bewusstseins, das wir Gott nennen. Diese Tatsache wird in dem Moment zu deiner Wahrheit, in dem du in deinem Bewusstsein die Vorstellung deines Egos, ein von Gott getrennter Körper zu sein, fallen lässt. Du steigst also aus deinem Ego-Bewusstsein völlig aus und öffnest dich für den Gedanken, ein rein geistiger Teil Gottes zu sein. Dein Körper ist lediglich deine Maske für dieses Leben, so wie wir alle unsere Maske tragen.

Diese Erkenntnis, ein rein geistiger Teil Gottes zu sein, erfährst du genau in dem Augenblick, in dem du dein Denken einstellst. Wenn du dich hinsetzt, ruhig wirst und keine Sekunde nach vorne und keine Sekunde nach hinten denkst, bist du frei und ohne Gedanken. Du bist ganz genau im Jetzt. Das ist der heilige Augenblick, in dem du Zugang zu deinem göttlichen Sein findest. Dehne diesen Augenblick aus, erschaffe dir eine Insel des Friedens in deinem Kopf. Tauche ein in diesen mentalen Frieden und verweile dort immer wieder eine Zeit lang. Es ist der Ort, an dem du dein Zuhause finden wirst, weil es dein Zuhause ist.

In diesem heiligen Augenblick gibt es nichts zu denken und es gibt nichts zu tun. Es herrscht hier absoluter Frieden. Erkenne in diesem einen heiligen Augenblick, wie unwichtig alles andere ist, wie illusorisch die Idee ist, irgendjemand zu sein, außer dieses eine Bewusstsein, das wir alle sind. Hier spürst du doch, dass es nichts gibt, worüber du dir Sorgen machen musst oder wovor du Angst haben musst. Du bist hier ganz bei Gott, ganz im unsterblichen, ewigen

Bewusstsein, da, wo es keinen Anfang und kein Ende gibt. Hier, in diesem heiligen Augenblick, wirst du dir deines wahren göttlichen Seins gewahr. Du spürst dein reines Bewusstsein, weil du sonst nichts mehr wahrnimmst als das. Öffne dich dafür, dass dies deine wahre Existenz ist und dass es sonst kein wirkliches ICH gibt als dieses eine.

Alles andere, dein „Vorname Nachname" ist eine Illusion deines Egos, mit der du dich ab sofort nicht mehr zu identifizieren brauchst. Du kannst deine Illusion weiterleben. Du kannst sie als das sehen, was sie ist, ein Spiel des Lebens mit einer Maske, die du darstellst. Aber in deinem Bewusstsein sei dir gewiss, dass du das ewige bist, das göttliche, das, was innerhalb deiner Illusion als „Vorname Nachname" lebt. Du bist das, was deiner Maske Leben einhaucht, sodass diese Rolle überhaupt funktioniert. Das ewige, göttliche Bewusstsein ist deine wahre Existenz. Das ist dein echtes Leben, das ist die Wahrheit. Wenn du die Identifikation mit deiner Rolle gänzlich aufgibst, räume gleichzeitig alles auf in deinem Leben. Alle Verletzungen, jeden Kummer, jeden Groll, jede unliebsame Beziehung bringe in Ordnung. Du kannst sonst nicht abschließen mit diesem Leben - mit dieser Rolle. Wenn du erleuchten willst, wenn du dich Gott zurückgeben willst, beginnst du quasi ein neues Leben. Du beginnst als neues Bewusstsein ein neues Leben. Das kann nur dann gelingen, wenn du das alte Leben völlig in Ordnung bringst. Für ein neues Leben braucht es Mut. Ich sagte schon: Erleuchtung ist nichts für Feiglinge. Darum stelle dich deinen Ängsten und deinen Verletzungen und löse sie auf. Erst dann wirst du frei für ein neues Leben, als erwachtes Bewusstsein.

30.

Ich bin mir

der Illusion meines

Lebens als

„Vorname Nachname"

völlig bewusst,

und öffne mich für mein

neues, ewiges, göttliches

Bewusstsein.

Werde dein Beobachter

Das größte Hindernis auf deinem spirituellen Weg ist die Unwissenheit. Ich habe dir im Band 1 und im Band 2 einen großen Erfahrungsschatz hinterlassen, der dir das nötige Wissen vermittelt, wie du auf deinem Weg weiterkommst und was zu tun ist. Es liegt jetzt an dir, wie du damit umgehst und ob du dieses Wissen im Alltag anwendest.

Die Erkenntnis, das du nicht dein Ego bist - das du nicht dein innerer Denker bist, sondern dass dies eine eigene Instanz in dir ist, die du als solche erkennen und identifizieren musst - ist sehr wertvoll. Sie ist besonders dann wertvoll, wenn du sie auch im richtigen Moment anwendest. Also, wenn es in dir denkt, dein Denken wertfrei beobachtest. Bleib also stets bewusst, handle langsam und nicht aus einem Affekt heraus. Ärger zum Beispiel, ist eine unbewusste Reaktion auf eine Situation, die dich triggert. Wenn du bewusst bist, bleibst du erstmal ruhig, überdenkst die Situation aus deiner Sicht und aus der Sicht des anderen. Unter Umständen erkennst du, dass gar keine Reaktion deinerseits nötig ist, weil dies nur zu weiteren Ärger führen würde. In dir denkt es vielleicht: „Na dem werde ich es zeigen", aber wohin führt das? Bleib bewusst, beobachte dich in dieser Situation selbst, und dein Denken. Reagiere erst nach einiger Zeit völlig überlegt und bewusst darauf, oder auch nicht, wenn es nicht nötig ist.

So gehst du über dein Denken hinaus und sagst dir: „Mein Ego kann denken, was es will, aber ICH bin nicht dieses Denken". Je bewusster du wirst und dieses Denken wahrnimmst und richtig damit umgehst, desto klarer wirst du im Kopf. Du wirst so klar sein, dass du jederzeit entscheiden kannst, was du ganz bewusst denken willst -

und ob du überhaupt denken willst. Denn oft ist nicht zu denken und stattdessen in die mentale Stille zu gehen, das Beste, was du machen kannst.

Genauso gehst du auch mit deinen Gefühlen um. Sie entspringen auch nur deinem Ego. Angst, Ärger, Wut, Groll, Eifersucht, Neid, Missgunst, etc. sind alles Gefühle, die aus deinen Gedanken entstehen. Wenn du bewusst bist, kannst du dir deine Gefühle anschauen, und die Triple A Methode einmal anwenden. Den Großteil deiner negativen Gefühle kannst du so einfach auflösen. Wenn Sie erst einmal aufgelöst sind, wirst du wieder frei und kannst in dein höheres Ich gehen - in dein Selbst. Hier findest du immer Frieden, hier gibt es nur drei Gefühle: Liebe, Freude und Frieden. Nur durch deinen hohen Grad an Bewusstheit, den du trainieren kannst, wirst du aus der Identifikation mit deinem Ego aussteigen. Dies ist letztlich maßgeblich für deinen Erfolg am spirituellen Weg. Wie willst du sonst aus deinem Ego-Bewusstsein herauskommen.

In der mentalen Stille wird auch deine Bewusstheit trainiert. Verweile also immer, wenn möglich, in dieser Stille. Die Stille ist ein so wunderbares, magisches, göttliches Bewusstseinsfeld, indem du dich immer wieder mit Gott - mit dem heiligen Geist - verbindest. Die regelmäßige kürzere und längere Verbindung mit diesem hoch schwingenden Bewusstseinsfeld ist die Basis, um die Bewusstseinsebenen emporzuklettern. Mit etwas Übung wirst du es spüren, wie gut dir die Stille tut, und welch wunderbarer Raum der Begegnung mit Gott, dies ist. Stille, ist grundsätzlich die ideale Voraussetzung, um sich spirituell weiterzuentwickeln. Vergiss nicht, das ich mit Stille natürlich auch immer die mentale Stille miteinbeziehe.

31.

Der größte

Verbündete

des Egos, ist die

Unwissenheit darüber,

und die

Unbewusstheit.

Nur durch ein hohes

Maß an Bewusstheit,

kann ich aus der

Ego Falle

aussteigen.

Die chronische Unbewusstheit

Es ist eine Tatsache, dass manche Menschen an der chronischen Unbewusstheit leiden. Diese chronische Unbewusstheit zeigt sich dadurch, dass diese Menschen quasi „schlafend" durch ihr Leben wandeln. Das ist nicht böse gemeint, es entspricht nur der Tatsache das sie so in ihr Ego-Denken vertieft sind und gar nicht bemerken, wer da denkt, und es auch nicht hinterfragen, ob das was hier gedacht wird, überhaupt stimmt. Sie haben es einfach nicht gelernt, bewusst zu sein und bewusst zu denken, es denkt unbewusst in ihnen und dieses Unbewusste ist immer das Ego.

Das antrainierte Ego bestimmt ihr Leben. Sie werden eigentlich gelebt, was grundsätzlich nichts Falsches ist. Allerdings: Vom Ego sollte man nicht gelebt werden, sondern vom heiligen Geist, denn das ist das wahre Leben und die wahre Freude und Liebe. Durch den heiligen Geist finden wir Frieden und leben im Einklang mit Gott - im Einklang mit dem Leben. Das Ego verursacht Leiden: Leiden in uns selbst und Leiden gegenüber anderen Menschen. Aufgrund der Programmierungen unseres Egos, leidet das Ego an Angst, Minderwertigkeit, Eifersucht, Neid, mangelnder Selbstliebe, Einsamkeit, etc. Ein chronisch unbewusster Mensch identifiziert sich vollkommen mit diesem Leiden und leidet unter dem Leiden seines Egos, sozusagen mit, weil er sich selbst als das Ego wahrnimmt.

Der Schlüssel, um aus dieser Ego-Falle auszusteigen, liegt in dem Erkennen, das hier etwas falsch läuft. Erst wenn ich das erkenne, kann ich aktiv beginnen, aus der chronischen Unbewusstheit auszusteigen. Das Erkennen, das hier etwas falsch läuft, sollte dir dieses Buch und der Band 1 bereits ermöglicht haben. Auch, wie wir aus der chronischen Unbewusstheit aussteigen können, haben wir eigentlich schon ausführlich besprochen. Das Gegenmittel zur chronischen Unbewusstheit ist die Bewusstheit. Die Bewusstheit trainierst du im „bewusst SEIN". Im „bewusst SEIN" - in der Stille, erkennst du dein Ego, weil es dich vehement aus der Stille herausreißen möchte. Das Ego möchte nicht, das du still wirst. Es ist ihm am liebsten, wenn du unbewusst bleibst und einfach so weiter machst wie bisher. Du trainierst im „bewusst SEIN" also deinen bewussten Geist, um in dieser Stille zu bleiben. Wenn du das eine Zeitlang praktizierst, wird dein bewusster Geist - dein SELBST – gestärkt, und du bringst mehr Bewusstheit in deinen Alltag. Je bewusster du bist, desto mehr kommst du in dein SELBST. Das heißt, in dein wahres göttliches SEIN, dass du bist. Du steigst allmählich aus deiner Ego Falle aus und entscheidest selbst, was du denkst und welche Gedanken, die es in dir denkt, du glauben möchtest. Du wirst selbstbestimmter, und deine Unbewusstheit weicht der Bewusstheit. Solange du dich von deinem Ego steuern lässt, führst du ein eigenmächtiges Leben abseits von Gott. Dies kannst du nur ändern, indem du bewusster wirst und du dich im „bewusst SEIN" regelmäßig mit der Stille, also mit dem heiligen Geist, verbindest. Diese regelmäßige Verbindung - diese Meditation - ermöglicht es dir, ein Leben in Verbindung mit deinem SELBST, - in Verbindung mit Gott zu führen. Du wirst erkennen, dass das Leben beginnt, dir unter die Arme zu greifen. Viele scheinbaren Zufälle, erleichtern dir das Leben und du kommst allmählich in dein volles Potential. Es ist quasi eine Umkehr deiner Lebensführung. Zuerst hat dich dein Ego geführt, und allmählich führt dich der Heilige Geist. Dein Leben bekommt eine neue Führung, und eine göttliche Qualität.

32.

Wenn ich

aus der chronischen

Unbewusstheit aussteige,

bekommt mein Leben

eine neue

Qualität.

Beende deinen Traum

Es gibt Menschen, die belächeln die Selbstfindung und meinen, sie sind so lustig, wenn sie sagen, „der muss sich erst selbst finden, haha". Wenn dann jemand kommt und sagt „ich habe mich selbst gefunden" dann lachen sie auch und wissen eigentlich nicht, was damit gemeint ist. Derjenige, der sagt „ich habe mich selbst gefunden" und das auch den Tatsachen entspricht, der ist erleuchtet. Denn nur in der Erleuchtung erkennst du dich wirklich selbst. Dann bist du aufgewacht aus dem Traum der Illusion des Egos.

Wenn du dich heute in den Spiegel schaust und noch immer meinst:" Ich habe mich selbst gefunden, weil da stehe ich ja." „Ich sehe ja meinen Körper im Spiegel, das bin doch ich". Wenn du noch immer glaubst dieser Körper bist du, dann musst du nochmal von vorne anfangen. Dann hast du es noch nicht verstanden, dass dies nur deine Maske ist, die in ein paar Tagen wieder von dir abfällt. Du weißt es dann noch nicht, was es heißt, dich selbst zu finden. Du identifizierst dich dann noch immer mit der Materie aus Fleisch und Blut und leidest noch immer vor dich hin.

Dein wahres Wesen - dein Selbst - dein göttliches Dasein, siehst du nicht im Spiegel. Das kannst du nur erfahren, wenn du bereit bist, diesen Weg bis zum Ende zu gehen. Wenn du bereit bist, deine Seele nach Hause zu bringen und du das auch schaffst, dann geht dir im wahrsten Sinne des Wortes ein Licht auf - du erleuchtest.

Aus Gesprächen mit anderen Menschen weiß ich, das sie oft zu früh aufgeben. Sie sind am richtigen Weg, haben dann den einen oder anderen Teilerfolg und bleiben wieder stehen. Sie gehen nicht weiter, weil sie entweder Angst haben vor der Liebe, Angst vor Ihrer eigenen Macht, oder einfach wieder zurück fallen in die Illusion des Egos. Ich sage dir: Du musst den Weg zu Ende gehen, nur dann bist du wirklich befreit. Und dieses Zu-Ende-gehen bedeutet: einfach weiter gehen, bis es knallt. Wenn du die Erleuchtung hast, wenn sie in dir stattgefunden hat, wirst du es wissen. Vielleicht nicht in diesem Moment, aber in den nächsten Tagen. Es ist unverwechselbar. Es ist so bahnbrechend, es ist so ein neues Leben. Es bleibt kein Stein auf dem anderen, aber es ist das Beste, was dir jemals passieren kann.

Was beim Sex der ultimative Orgasmus ist, ist im Leben die Erleuchtung. Man könnte auch sagen es ist der Orgasmus des Lebens. Etwas Höheres gibt es meiner Meinung nach nicht. Die Erleuchtung flasht dich erstmal, und du bist für eine Zeit auf Wolke 7. Du erkennst dich dann erst selbst nicht mehr. Du glaubst, du bist auf einem anderen Stern. Nein, bist du nicht. Aber du bist im Himmel angekommen, dort, wo die Liebe, die Freude, die Freiheit und der Frieden zuhause sind. Du bist im Gottes Bewusstsein angekommen, und das ist eine wahnsinnige Erleichterung und Befreiung.

Solange du auf diesem Weg bist: Mach weiter, bis du durch bist. Lies weiterhin spirituelle Bücher, die aus der geistigen Welt kommen - ich habe Sie teilweise angeführt. Sie programmieren deine tiefsitzenden Überzeugungen um. Dies ist ein sehr wichtiger Bestandteil auf deinem Weg. Lies sie langsam, sehr bewusst und meditativ. Räume alles in dir auf, stelle dich all deinen Gedanken, Gefühlen, Ängsten und dergleichen. Sei mutig. Du wirst alles transformieren, wenn du es zulässt, wenn du dir alles anschaust und durch gehst. Deine Gedanken, Gefühle, Ängste, etc. sind deine „Babys". Verschließe dich nicht vor Ihnen. Sie wollen deine Aufmerksamkeit, jeden Tag. Nur dann können sie sich in freie Energie auflösen, sie können transformieren. Dein Verstand ist dazu da das er denkt. Er verarbeitet so deine Erlebnisse und deine Erfahrungen. Das ist seine Kernaufgabe. Schau dir also alles an was er zum Aufarbeiten hat, Tag für Tag. Aber sei dir bewusst das es dein Verstand ist, der denkt. Er gehört nicht zu deinem SELBST, er ist ein Bestandteil deines Egos. Du bist dein SELBST - der Beobachter deines Egos. Falle nicht wieder zurück in den Glauben, dass du dein Ego bist. Nimm dich deines Egos einfach nur an, so wie man sich um ein kleines Kind annimmt und kümmert.

Du schaust einfach, was dein Verstand zu denken hat und was dein inneres Kind zu fühlen hat. Das ist deine Kernaufgabe, sonst gar nichts. Wenn du dich liebevoll darum kümmerst - so, als wären deine Gedanken, Gefühle, Ängste, etc. deine Babys, dann wird alles gut. Es wird alles geordnet und transformiert. Es ist dann einfach nichts mehr da, was in deinem Kopf kreist, absolute Klarheit im Kopf.

Du bist der göttliche Anteil - der Geist - dieses Bewusstsein, dessen Aufgabe es ist, sich um deine Rolle als „Vorname Nachname" zu kümmern. Deshalb auch Selbstliebe. Du bist deinem Körper - deiner Rolle als „Vorname Nachname", deinem kleinen ICH, am nächsten. Du bist mit ihm in jeder Körperzelle verbunden. So verbunden das du, solange du noch im Egobewusstsein gefangen bist, glaubst das du diese Rolle bist. Doch es ist nur eine Illusion zu glauben, wir sind die Rolle, die wir zurzeit spielen. So wie wenn ein Schauspieler der einen Friseur spielt, plötzlich glaubt, er sei tatsächlich ein Friseur. Du kannst niemals diese Rolle - also dieser Körper sein, du bist Geist. Teil des göttlichen Geistes. Du gibst deinem Körper nur das Leben, damit er diese Rolle spielen kann.

Ich wiederhole mich, ich weiß es - immer wieder mit anderen Worten. Der spirituelle Weg ist eigentlich ein sehr einfacher Weg. Du musst ein paar Dinge beachten und in deinem Leben ändern. Aber diese Dinge musst du kontinuierlich beachten und kontinuierlich wiederholen. Du musst immer bewusst bleiben und gleichzeitig auch immer dich in die Meditation versenken. Einfach loslassen, über deinen Verstand hinaus gehen, Abstand nehmen vom Denken und einfach nur sein. Diese Verbindung zu dem hoch schwingenden Bewusstseinsfeld - zu Gott, findest du nur in der Stille – in der Meditation.

Dieses „einfach nur Sein" machst du am besten so oft wie möglich. Statt unbewusst den Radio oder Fernseher laufen zu haben, gehst du einfach bewusst in die Stille. Du wirst die Stille lieben lernen. Es ist ein magisches hoch schwingendes Bewusstseinsfeld, das dich in andere Bewusstseinsebenen hebt.

Es ist also immer eine Wiederholung der gleichen Übungen und der gleichen Dinge. Es sind im Wesentlichen: die Hingabe - die diesen Prozess auslöst, die Geisterschulung - also die Umprogrammierung deiner tiefsitzenden Glaubenssätze, die Meditation, die Selbstliebe und der energetische Teil. Auf den energetischen Teil bin ich noch sehr wenig eingegangen. Dies werde ich im übernächsten Kapitel noch etwas nachholen.

33.

Als Teil des

allumfassenden Bewusstseins

das ich bin,

ist es meine Kernaufgabe

mich um mein Ego,

also um meinen Körper

und um meine Rolle als

„Vorname Nachname"

liebevoll zu

kümmern.

Der Regisseur in deinem Leben

Bei deiner Inkarnation bist du eine Verbindung mit einem Körper eingegangen. Zuerst war dieser Körper noch eine befruchtete Eizelle, dann ein Embryo und dann ein Kind, das zum Erwachsenen Körper heranwächst. Ich habe in meinem Buch schon sehr viel darüber berichtet, wie wir uns wahrnehmen und als was wir uns meistens sehen. Wir nehmen und meistens als Körper wahr und sehen nicht unsere geistige Natur - unser SELBST. Zumindest ist das sehr oft in unserem Unterbewusstsein so verankert und wir bilden aufgrund dieser Wahrnehmung ein Ego, das von sich überzeugt ist, ein Körper zu sein. Also ein von Gott getrenntes Wesen, das Materie ist.

Der spirituelle Prozess zielt darauf ab, diese Illusion aufzulösen, und in dein wahres SELBST, das geistige Natur, oder anders ausgedrückt - ein Teil des allumfassenden göttlichen Geistes ist, zu kommen. Du warst vom Anfang an nie dieser Körper, du warst immer Geist. Du hast lediglich für dieses Dasein als Mensch, für diese Menscherfahrung, einen Körper bekommen, mit dem du lernen, dich ausdrücken und deine Erfahrungen machen kannst. Du als der Geist - dein SELBST - bist der lebendige Anteil in deinem Körper. Du bist in jeder Körperzelle mit deinem Körper verbunden, deshalb fühlt es sich so echt an ein Körper zu sein, aber du bist nicht der Körper, du bist nur der Geist, der in diesem Körper zurzeit wohnt.

In deinem spirituellen Prozess ist dies ein Meilenstein, wenn es in deinem Unterbewusstsein angekommen ist, dass du nicht dieser Körper bist, sondern dieser göttliche Geist, den wir LEBEN nennen. Du bist das Leben, du hast nicht ein Leben, du bist das ewige Leben. Diese

Selbsterkenntnis, die sich dabei in dir vollzieht, hat auch andere weitreichende positive Auswirkungen auf dein Leben. Dazu zählen unter anderem, deine Gesundheit, dein Gefühl frei zu sein, dein Gefühl geliebt zu werden, dein Gefühl nicht mehr einsam zu sein, dein Selbstbewusstsein, dein Selbstwertgefühl, dein Gefühl der Unabhängigkeit, dein Gefühl endlich angekommen zu sein, etc.

Ich sagte schon: Als Mensch, bist du Zwei. Ein geistiger Anteil - das ist dein SELBST - und dein Ego - das ist dein Körper mit deinem Verstand und deinen Gefühlen. Viele Menschen leben nur aus ihrem EGO heraus. Sie machen sich keine Gedanken über ihre wahre geistige Natur. Noch weniger machen sie sich auf einen spirituellen Weg, um ihr SELBST zu finden, bzw. es zu erkennen. In ihrem Leben führt ihr EGO die Regie, und das widerspiegelt sich in ihrem Dasein. Sie führen meist ein Leben in Kleinheit, Minderwertigkeit und Angst. Andere haben ein aufgeblähtes Ego, um ihre Angst zu überspielen, die tief in ihnen sitzt. Dies ist ein Zustand, den man ändern kann, wenn man darüber Bescheid weiß und bereit ist, bewusster zu werden.

Die besten Freunde des Egos sind die Unwissenheit und die Unbewusstheit. Erst durch die Aufklärung und die Kenntnis über deine geistige Natur und in weiterer Folge die Bewusstheit, um aus dem Ego herauszukommen, fördert deine spirituelle Entwicklung. Solange dein Ego der Regisseur deines Lebens ist und du keine Ahnung hast, das dies der Fall ist, wird sich nichts ändern, weil du gar nicht weißt, das es dein SELBST gibt. Deine Unwissenheit und deine Unbewusstheit halten dich in deinem Ego-Regisseur geführten Leben gefangen.

Es erfordert also einerseits ein Wissen darüber, das es etwas anderes gibt als das EGO, nämlich dein SELBST. Andererseits ist ein hohes Maß an Bewusstheit erforderlich, um im Alltag dieses Wissen anzuwenden und aktiv etwas beizutragen, das dein SELBST der Regisseur in deinem Leben wird.

Bewusstheit ist etwas, das wir erlernen können. Es ist nicht so leicht zu erlernen wie Unbewusstheit, aber es ist erlernbar. Am leichtest fängst du damit an, dir immer wieder zwischendurch Zeiten der Auszeit zu nehmen, des „bewussten SEINS". Also immer wieder zwischendurch ein paar Minuten in die Meditation zu gehen, in das Still werden, in das Beobachten. Damit meine ich vor allem das Beobachten deiner Gedanken und was sonst so in dir vorgeht. Du entwickelst ein Zeugenbewusstsein, damit hebst du dich von deinem Ego ab, du gehst über dein EGO hinaus. Das, was du vorher geglaubt hast zu sein - nämlich dein Ego - das unbewusst dahin lebt - beginnst du jetzt zu beobachten.

Du, dein SELBST wird der Regisseur deines Lebens. Dein Ego ist nur deine Rolle als „Vorname Nachname" in diesem menschlichen Dasein. Diese Rolle beobachtest du zunächst einfach. Etwas später nimmst du konkret diese Rolle unter die Lupe. Was ist mit diesem Menschen eigentlich? Wie und warum denkt der so? Wie und warum fühlt der so? Wieso macht der so sonderbare Dinge wie 10 Stunden am Tag arbeiten, obwohl ihm diese Arbeit überhaupt keinen Spaß macht. Du als dein SELBST wirst der Beobachter und der Regisseur deiner Rolle als „Vorname Nachname". Erst dann wird dein Leben eine neue Qualität bekommen.

34.

Erst wenn mein

SELBST, der Regisseur

meines Lebens wird,

bekommt mein Leben

eine neue

Qualität.

Die vollständige Erleuchtung

Die vollständige Erleuchtung beinhaltet einen geistigen Teil und einen energetischen Teil. Den geistigen Teil haben wir bereits ausführlich besprochen. Beim energetischen Teil geht es primär um die Kundalini-Energie. Dies ist die Lebensenergie, die im Wurzelchakra sitzt, und dort im Verborgenen bleibt, bis sie erweckt wird. Sie wird auch als die Schlangenenergie bezeichnet. Diese Kundalini Erweckung findet bei manchen Menschen zufällig statt, oder aber auch gar nicht. Sie kann bei manchen berauschenden Ereignissen wie ausgelassen tanzen, beim Sport oder beim Sex, etc. erweckt werden. Manche praktizieren auch Kundalini-Yoga, um bei der Kundalini-Erweckung zu fördern.

Im chinesischen Tao der Sexualität werden gewisse Übungen erklärt wie z.B. die Hirschübung beim Mann und die Hirschübung der Frau. Einfach erklärt, geht es beim Mann darum, zu lernen, seine Energie beim Sex nicht durch den Samenerguss zu verlieren, sondern sie zu kultivieren und sich zu beherrschen. Die Energie, die normalerweise mit dem Orgasmus verloren geht, wird dann für etwas Höheres verwendet, wie z.B. der Erweckung der Kundalini. Man versucht, die Energie durch bewusstes zurückhalten und Kontrolle der Erregung nach oben durch den Sushumna Kanal zu leiten. Man muss dazu wissen, das Orgasmus und Ejakulation nicht dasselbe ist, sowie es üblicherweise angenommen wird. Wenn der Mann bereit ist, viel bewusster an den Sex heranzugehen, kann er dies am besten im Spiel mit sich selbst üben. Dann wird er sehen wie schön dies sein kann, und wie er seine Sexualität anders und ausdauernder erleben kann. Ich empfehle für Mann und Frau dazu vielleicht das Buch „Das Tao der Sexualität" oder ähnliches zu studieren.

Grundsätzlich bin ich der Meinung, dass es wichtig ist, alle Blockaden und Begrenzungen, die wir vielleicht mit dem Thema Sexualität haben, aufzulösen. Wenn du lernst lustvoller zu werden, dein Herz zu öffnen, dich selbst zu lieben und in weiterer Folge liebvollen und lustvollen Sex zu machen, dann ist das eine gute Voraussetzung, dass deine Kundalini auch erweckt wird.

Wenn du Liebe machst mit deiner Partnerin, dann nimm dein Herz dazu. Gehe aus deinem Kopf raus - komm in dein Herz, - in dein Selbst. Lass dir Zeit. Schau sie jedes Mal mit den Augen der Liebe an. Lass dir Zeit beim Liebe machen, es gibt in der Liebe nichts zu erreichen. Je langsamer du es angehst, desto länger werdet ihr zusammen sein.

Verbindet nicht nur eure Körper, sondern verbindet eure Seelen, das geht nur langsam. Wenn dein Herz dabei ist, und du aus deiner ganzen Seele heraus Liebe machst, hat das eine ganz andere Qualität. Es entsteht ein wunderbares, hochschwingendes Bewusstseinsfeld zwischen euch. Ihr verströmt im wahrsten Sinne des Wortes Liebe in die Welt. Wenn hierbei dein Körper und deine Seele involviert sind, wird die körperliche Liebe zu einem berauschenden Ereignis. Der Orgasmus nach so einem Liebesspiel ist überwältigend. Du kannst aber auch einfach deine Energie bei dir behalten bzw. nach oben leiten und Liebe machen, ohne Ejakulation. Du wirst merken das sich in einem langsamen, mit Hingabe gemachten Liebesspiel sich deine Energie auf deinen ganzen Körper ausdehnt. Nach einer gewissen Zeit brauchst du keinen Orgasmus mehr, weil deine Energie von deinem Körper absorbiert wurde. Du bist einfach orgastisch.

Ich bin überzeugt, dass durch die Kundalini-Erweckung, durch das Aufsteigen der Energie alle deine Chakren bis hin zum Kronenchakra geöffnet werden. Auch dies ist eine Voraussetzung, um die völlige Erleuchtung zu erlangen.

Wie gesagt, ist die Selbstliebe eine wichtige Voraussetzung um echte Liebe empfinden und geben zu können. Öffne dein Herz für dich, liebe dich bedingungslos und erfülle du dir zunächst alle deine sexuellen Wünsche, die du dir selbst erfüllen kannst. Die Selbstliebe lernst du auch im Liebesspiel mit dir selbst. Egal, wie du aussiehst - es ist dein Körper, es ist dein Liebeswerkzeug, das dir von Gott geschenkt wurde. Du bist mit deinem Körper verbunden, du kannst ihm die Liebe geben, die er wirklich braucht.

In dem Masse wie du dich selbst liebst, wirst du anziehend für andere werden. Wenn du zurzeit keine/n Partner/in hast, genieße die Zeit, dich zu finden und dir selbst so nahe wie möglich zu sein. Verwöhne dich so, wie du es gerne hast, und suche niemanden - aber sei offen für die Liebe. Wenn du dich bedingungslos liebst, wird bald ein/e Partner/in in dein Leben kommen, die du dann mit deiner Liebe überschütten kannst. Ich habe schon im Kapitel „Sei offen für die Liebe" geschrieben, das der Erleuchtung meist eine starke Verliebtheit voraus geht – das muss natürlich nicht sein. Aber halte die Augen offen, mach ein Spiel daraus, ein Liebesspiel, das bei dir selbst beginnt.

35.

Die vollständige

Erleuchtung beinhaltet

auch immer einen

energetischen Teil,

es ist die Erweckung

der Kundalini

Energie.

Werde zum Licht der Welt

Das allumfassende göttliche Bewusstsein ist Gott - ist die Liebe. Wir bezeichnen es auch als das Licht der Welt. Du bist schon immer Teil dieses Bewusstseins gewesen, es war jedoch überschattet von einem starken Ego, das sich indirekt durch deine Erziehung, Einflüsse von außen etc. gebildet hat. Ich sage „indirekt", weil durch deine Erziehung, Einflüsse von außen, etc. in dir tiefsitzende Glaubenssätze entstanden sind und diese Glaubenssätze sind die Grundlage deines Egos. Wir haben sie schon ausführlich im Band 1 und diesem Band 2 besprochen.

Jeder Mensch hat außerdem noch seine ganz eigenen individuellen, tiefsitzenden Glaubenssätze gespeichert, mit denen er sich auseinandersetzen sollte. Erst wenn du alles in dir anschaust - im Sinne von bewusst machen und auflösen, wirst du frei werden. Frei von deinen Altlasten und frei für den Aufstieg in ein Gottesbewusstsein.

Dieses oben erwähnte Licht der Welt - das Licht Gottes - ist auch in dir angelegt. Wenn du deine Begrenzungen abbaust, deine Glaubenssätze auflöst, dein Ego Schicht für Schicht abträgst, dann öffnest du dich für dieses Licht der Welt. Du bringst dieses Licht Gottes in dir zum Strahlen. Genau das passiert bei der Erleuchtung: Du erstrahlst im Lichte Gottes. Du bist dann wieder das Licht Gottes auf Erden und lebst in einem Gottesbewusstsein.

Es ist deine einzige und wahre höhere Bestimmung, dieses Licht Gottes auf dieser Erde zu sein. Du hast dann dein Bewusstsein von einem Egobewusstsein zu einem Gottesbewusstsein transformiert. Du fühlst dich absolut angekommen in deinem Leben und wirst immer offener für die grenzenlose Weisheit des Lebens. Du stehst von nun an mit Gott in einer direkten Verbindung, weil er in dir und durch dich lebt. Es wird dir immer klarer, dass dieses eigene ICH - dieses Ego - dieses „Vorname Nachname" wirklich nur eine Maske ist. Eine erfundene Rolle, die du spielst, in dieser materiellen Welt.

Du kannst dich in dieser Rolle weiterhin bewegen und weiterhin dieses Spiel spielen, weil es von nun an ein wirkliches Spielen sein wird. Es ist kein Kämpfen mehr ums Überleben, oder ein Hinterherlaufen nach Zielen, Geld oder Erfolg. Es wird in Zukunft geprägt sein von Leichtigkeit, Freude und Liebe.

Du bist von nun an das Licht der Welt, du lebst im Einklang mit dem Leben, und dies spürst du auch. Die Meditation wird immer ein Teil von dir sein - nicht weil es notwendig ist, sondern weil du dich dort zu Hause fühlst. Vielleicht wirst du deine eigenen Erfahrungen weitergeben wollen, so wie es einige Erleuchtete tun. Vielleicht willst du ein spiritueller Lehrer werden, jemand, der sich aktiv einsetzt für die globale Erleuchtung. Jeder hat seinen eigenen Weg, und manche leben ihr Leben einfach so weiter wie bisher. Eines ändert sich auf alle Fälle: Du hast ein neues Bewusstsein - ein Gottesbewusstsein - und du findest Frieden in dir.

36.

Bei meiner

Erleuchtung, beginnt

das Licht Gottes

in mir zu strahlen,

ich werde dabei

zum Licht der

Welt.

Die Aufhebung der Illusion

Die Erleuchtung ist deshalb so ein bahnbrechendes und befreiendes Ereignis in deinem Leben, weil es die Illusion, ein von Gott getrennter Körper zu sein, auflöst. Die Verbindung zu Gott war in deinem Bewusstsein nicht vorhanden. In deinem Bewusstsein warst du immer ein eigenständiger Körper und damit von Gott getrennt. Erst mit zunehmender Bewusstseinsebene, nimmt diese Illusion und damit dieses Leiden ein Ende.

Mit der Aufhebung der Illusion, ein von Gott getrennter eigenständiger Körper zu sein, verstehst du auch, dass deine Person als „Vorname Nachname" nur eine Illusion darstellt. Dein Körper und somit deine Person als „Vorname Nachname" ist nur eine vorübergehende Erscheinung, eine Sichtbarmachung deiner Seele. Du glaubst aufgrund deines Körpers etwas anderes zu sein, als du tatsächlich bist, es ist eine optische Täuschung. Du bist ein geistiges Wesen, ein Teil Gottes, der ebenfalls nur Geist ist. Wir alle sind die Teile Gottes - wir sind alle zusammen das Leben, für immer und ewig. Zusammen sind wir das allumfassende Bewusstsein, das wir Gott nennen. Dein Körper ist lediglich eine Maske, die du bekommen hast, um hier in der materiellen Welt - in der Dualität dich als reines Bewusstsein zu erfahren, um zu Erleuchten, um zum Licht Gottes zu werden. Dein Körper ist ein Mittel zum Zweck, ein Lern- und Erfahrungsinstrument, um die Transformation deines Bewusstseins durchführen zu können.

Die Bildung und Stärkung unseres Egos ist seit unserer Kindheit ein wesentlicher und unbewusster Faktor der uns in der Illusion gefangen hält. Wir können daher die Aufhebung der Illusion nur mit bewusst gezielten und in der

Praxis durchgeführten Methoden wie: die Hingabe an Gott, die Meditation und die Umprogrammierung unserer Glaubenssätze herbeiführen. Es sollte aber bei all seinem Tun und seinem Praktizieren eine gewisse Leichtigkeit und eine gewisse Absichtslosigkeit dabei sein. Der wesentliche Fokus sollte weiterhin im Hier und Jetzt liegen und nicht in einem Ziel, das in der Zukunft liegt.

Im Hier und Jetzt findest du auch deinen Frieden und nur im Hier und Jetzt kannst du auch aufhören zu denken. Es ist ein Sich-Hineinfallen-Lassen in den Prozess, ein entspanntes und freudiges Erwarten was kommen mag, oder auch nicht. Du kletterst in diesem Prozess, nach und nach die Bewusstseinsebenen empor, sodass dies Tag für Tag, Woche für Woche und Monat für Monat dein SEIN verändert. Das Leben wird dir dabei den Weg zeigen und den Weg ebnen, wenn du offen bist für die Signale Gottes, - für die Signale des Lebens.

Vielleicht bist du noch am Beginn deiner Reise und fragst dich, warum sollte ich das alles machen, mir geht es ja eigentlich ganz gut. Okay, ich möchte hier nochmals klarstellen, dass ich dich von nichts überzeugen will. Das kann ich auch gar nicht, denn das würde nicht funktionieren. Die ganze Sache funktioniert nur wenn du die Bereitschaft dazu hast, wenn du einen inneren Antrieb hast, dich selbst zu finden, das heißt, Gott zu finden. Die Wahrheit braucht keine Überzeugung, die Wahrheit ist einfach. Ob du weiterhin in der Illusion leben willst, ein von Gott getrennter Körper zu sein, oder nicht ist grundsätzlich deine Sache. Ich weiß, welche Befreiung es ist, aus der Illusion auszusteigen und bin der Meinung, dass die Erleuchtung, eine Sache ist, die jeder Mensch möglichst bald in seinem Leben haben sollte. Wir sollten einen spirituellen Unterricht in der Schule einführen, damit die Menschen erfahren, wer sie sind und wer Gott ist.

Es würde uns so viel Leid ersparen, es würde sicher mehr Frieden sein auf dieser Welt. Es ist mit der Erleuchtung so viel damit verbunden, dass positive Auswirkungen auf den Menschen und auf unser Zusammenleben hat.

Dich auf deinen Weg zu machen hat schon sehr positive Auswirkungen auf dich und dein Leben, unabhängig davon, ob du die Erleuchtung schon hattest oder nicht. Weil mit der Hingabe an das Leben, - an Gott, lebst du wieder im Einklang mit dem Leben, - mit Gott. Du bist nämlich nur ein Teil des Lebens, - ein Teil von Gott und nichts Eigenständiges. Nur dein Ego glaubt, dass du etwas Eigenständiges bist, weil es sich täuschen lässt von deiner Form. Weil es glaubt ein sterblicher Körper zu sein, ein „Vorname Nachname". Doch das ist die Illusion, denn die Wahrheit ist nur das ewige, der ewige und allumfassende Geist Gottes. Du musst verstehen, dass dein Leben nichts mit deinem Körper zu tun hat. Dein Körper ist nur dein momentaner Zustand - deine Maske, er ist Materie, die wieder vergeht. Du hast jetzt mehr Möglichkeiten als ohne Körper, aber das ist schon alles. Du bist trotzdem nur reiner Geist - reines Bewusstsein und das wirst du ewig bleiben.

Deshalb heißt es auch „Erwachen", weil wir aus dem Traum erwachen, ein Körper zu sein. Dein Körper ist reine Materie, er lebt nicht aus sich heraus, es wirkt nur so, als würde er leben, auch das ist eine optische Täuschung. Nur du als der göttliche Geist - das Leben, das du bist, gibst deinem Körper Leben. Durch dich wird dein Körper erst lebendig. Wenn du verstehst, dass du nur das Leben bist, das reine Leben und nur dass, dann hast du deine Seele nach Hause gebracht. Dein Körper hilft dir dabei, deine Seele glücklich zu machen, dich Gott zurückzugeben. Wenn du das vollbracht hast, lebst du einfach glücklich und befreit weiter, mit deinem Körper, solange er dir seine Dienste erweist.

Je mehr wir an unserem Ego, bzw. an unserem Körper festhalten, desto schwieriger machen wir es uns. Das ist so, weil Gott alles ist, was es gibt - das allumfassende - das Absolute. Es gibt nichts Wirkliches, nichts Ewiges, außerhalb von Gott. Deshalb macht es Probleme, zu glauben, etwas außerhalb von Gott zu sein. Der Glaube daran, etwas außerhalb von Gott zu sein, macht dein Leben schwer, weil dies gegen das Leben ist, weil dies nicht die Wahrheit ist.

Umgekehrt macht es dein Leben leichter, wenn du dich selbst nicht mehr so wichtig nimmst. Du findest zu deinem Glück, mit mehr Bedürfnislosigkeit, mit mehr Egolosigkeit, mit Loslassen, mit mehr Geben als Nehmen, mit mehr Selbstliebe und mehr Opferlosigkeit. Aus deiner Selbstliebe wird automatisch Nächstenliebe, es kann gar nicht anders sein. Es gibt keinen Egoisten, der sich selbst wirklich liebt. Nur Menschen, die sich selbst nicht lieben, die sich selbst für wertlos halten, können Egoisten sein. Sie haben ein großes Loch in sich, das aus fehlender Liebe entstanden ist und das versuchen sie zu stopfen indem sie alles an sich reißen. Werde dir also bewusst, das die Illusion, obwohl sie noch so echt ausschaut, eine Illusion ist. Aus der spirituellen Sicht eines erwachten Bewusstseins sage ich dir das. An die Illusion weiterhin zu glauben ist auch eine Möglichkeit, aber sie wird dich nicht befreien, du wirst nicht erwachen und auch nicht erleuchten. Es ist letztlich deine Entscheidung.

37.

Mein Erwachen

beginnt beim Erkennen

der Illusion, die mich glauben lässt

ein von Gott getrennter

Körper zu sein.

Ich habe zwar einen

Körper, aber ich

bin kein Körper.

Ein neues befreites Leben

Wie sehr hängst du noch an deinem Körper fest - an der Illusion? Bist du bereit zu sterben? Erst wenn du bereit bist zu sterben, beginnst du richtig zu leben. Dein richtiges Leben ist nicht dieser Körper, den du hast - dieser ist nur deine Maske. Das Gefühl, zu leben, ist nicht an deinen Körper gebunden. Dies ist nur der Irrtum deines Egos. Es ist eine Sache deines Bewusstseins, dass du lebst, und das dieses Leben unabhängig ist von deinem körperlichen Dasein. Es wird allmählich Zeit, dass du dich nicht an dein körperliches Leben klammerst, wenn es dir ernst ist mit dem Erwachen.

Ich hatte tatsächlich eine Zeit, in der ich bereit war zu sterben, also aus meinem Körper zu gehen. Ich bin so verbunden mit dem Leben, das ich keinen Körper mehr brauche. Es ist schön, einen Körper zu haben, aber zum Leben brauche ich ihn nicht unbedingt. Es ist ein anderes Leben - mit dem Bewusstsein, kein Körper zu sein und keinen Körper zu brauchen. Es ist das echte und ewige Leben, ohne Illusion und ohne Ego. Es wird vermutlich göttlich sein, einmal wirklich ohne Körper zu sein.

Aus der Sicht eines erwachten Bewusstseins spielt die Tatsache, einen Körper zu haben, eine untergeordnete Rolle. Als erwachtes Bewusstsein bist du die Repräsentanz Gottes - das Licht der Welt - und Gott ist nun mal ewiger, reiner Geist. Nur unser kleines ICH - unser Dasein als „Vorname Nachname" - hat einen Körper und glaubt, etwas Eigenständiges außerhalb von Gott zu sein.

Wir müssen dieses kleine Ich loslassen, im Sinne von: ihm keine Bedeutung mehr geben. Wenn du noch an deinem

Körper hängst oder an deinem Ego - wie willst du dann in dein Selbst kommen, wie willst du dann erwachen? Erleuchtung bedeutet, dass du ein neues Bewusstsein hast, du bist die Präsenz Gottes in menschlicher Gestalt. Du wirst die reine Liebe. Dein Ego und dein Körper sind zwar noch anwesend, aber sie dienen dir nur noch als Werkzeug hier auf Erden, die Liebe, die Freude und den Frieden, weiterzutragen.

Erleuchtung ist nichts für Feiglinge. Wenn du dich Gott hingibst, bekommst du vielleicht die Gnade Gottes. Er wird dich prüfen und wird dich zu sich holen - oder auch nicht. Es gibt kein bisschen Erleuchtung, es gibt nur alles oder nichts. Aber glaube mir: Dein neues Leben wird ein Leben in Freude und Liebe sein, und du wirst die Freude und Liebe repräsentieren. Du wirst ein Repräsentant Gottes werden - das Licht der Welt. Dein Ego spielt dabei nur noch eine Nebenrolle und beschränkt sich auf deine persönlichen, individuellen Bedürfnisse und Vorlieben.

Dein Ego ist und bleibt dabei dein individueller Ausdruck als Mensch - als erwachter Menschen. Aber das Ego eines erwachten Menschen ist sehr klein und es bestimmt nicht sein Leben. Es ist wohl vorhanden, doch der erwachte Mensch, kennt sein Ego und identifiziert sich nicht mehr damit. Ein erwachter Mensch weiß, dass er nichts außerhalb von Gott ist. Er lässt sich durch die göttliche Führung - seine Intuition - führen. Er hat sein eigenes Denken und Planen weitgehend aufgegeben hat und lebt glücklich sein von Gott geschenktes Leben. Er lebt ein wunderbares Leben in Einfachheit, Egolosigkeit und Bedürfnislosigkeit. Dieser erwachte Mensch ist so glücklich und zufrieden in seinem inneren, dass er im Außen nichts suchen muss, was ihn glücklich machen soll. Er genießt jeden Tag mit seinem Körper auf diesem Schauplatz Erde und denkt dabei nicht daran, was morgen sein soll.

Das Leben greift ihm unter die Arme, weil er das Leben lebt, dass Gott für ihn vorgesehen hat. Er sieht sich als Teil des großen Ganzen und lebt auch als solches von Tag zu Tag. Er macht sich keine Sorgen und hadert nicht mit dem Leben. Seine Aufgaben erfüllt er gewissenhaft und stets mit der Hilfe Gottes, die ihm jederzeit zur Verfügung steht. Die Meditation und das bewusst-Sein sind feste Bestandteile eines erwachten Menschen und begleiten ihn durch den Alltag. Er lebt in einer Grauzone zwischen materieller und geistiger Welt. In der materiellen Welt funktioniert er, ohne nachzudenken. Er lässt sich absolut vom heiligen Geist führen. In der geistigen Welt - in der Meditation - fühlt er sich zu Hause. Das eine ergänzt das andere auf wunderbare Art und Weise.

Du musst dir bewusst sein, dass du nichts mitnimmst aus diesem Leben als „Vorname Nachname". Dein ganzes Streben nach mehr ist eigentlich sinnlos. Du nimmst weder dein Geld, noch deine Immobilien, dein Wissen, deinen Erfolg oder sonst etwas Materielles mit. Das Einzige, was du mitnimmst, über dieses Leben hinaus, ist deine Bewusstseinsebene. Wir sind hier in einer Art Klassenzimmer, um die Bewusstseinsebenen hinaufzuklettern. Bis wir oben angekommen sind, kommen wir immer wieder auf diesen Schauplatz Erde zurück. Erst wenn du erleuchtet bist, hört dieses Spiel von Tod und Wiedergeburt auf.

Wenn du erwachst - wenn du erleuchtest - ist das wie eine Neugeburt. Dein altes Leben ist vorbei, und du trauerst ihm bestimmt nicht nach. Dein neues Leben hat dir einiges zu bieten, vor allem an Freiheit, Freude und Liebe. Du lebst natürlich deinen gewohnten Alltag weiter, aber die göttliche Führung ist immer mit dabei, weil du Teil dieses göttlichen Bewusstseins geworden bist. Dein Egobewusstsein ist Vergangenheit. Du kannst dein Denken völlig loslassen. Du hast eine stark ausgeprägte Intuition - eine göttliche Führung, die dich durch das Leben trägt.

Du hast quasi die Seite gewechselt: vom Egobewusstsein zum göttlichen Bewusstsein. Die Illusion etwas von Gott Getrenntes zu sein, hast du aufgegeben. Du hast deine Seele nach Hause gebracht, dorthin, wo sie hingehört. Du bist jetzt erwachtes Bewusstsein und das ist einfach nur herrlich.

Wenn du erwachst, bist du angekommen bei Gott - etwas Schöneres gibt es nicht. Denn du bist kein Körper, du bist eine Seele, und dein wahres Glück findest du nur, wenn du deine Seele heimbringst - zurück zu Gott, dorthin wo ihre Wurzeln sind.

Dieses Glück kannst du dir nicht kaufen. Es ist kein Glück an der Oberfläche, etwas, was man sich schnell erfüllt, um heute besser drauf zu sein. Für deine Seele ist die Erleuchtung das tiefgreifendste und schönste Ereignis, was du dir vorstellen kannst. Es ist ein riesiges Geschenk, das mit nichts vergleichen ist.

38.

Als erwachtes

Bewusstsein, beginnt

für mich ein neues

befreites

Leben.

Die Illusion etwas

außerhalb und getrenntes

von Gott zu sein,

habe ich damit

überwunden.

Schlusswort

Du hast jetzt viel über den spirituellen Weg gelesen, worauf es aus meiner Sicht ankommt und wie man vorankommt. Ich habe versucht, all meine eigenen Erfahrungen und mein Wissen weiterzugeben und hoffe, es war einiges dabei für dich, was du umsetzen kannst. Mir ist natürlich bewusst, dass man einen solchen Weg nicht kopieren kann, jeder Weg wird anders und individuell sein. Aber du hast einen Eindruck bekommen, wo dieser Weg hinführen kann und was es bedeutet, die Bewusstseinsstufen emporzuklettern.

Ich bin überzeugt, dass die beschriebenen Bausteine wie die Hingabe, die Meditation, die Geistesschulung, die Selbstliebe, das Aufräumen in deinem Innersten, die romantische Liebe, die körperliche Liebe, grundlegende und wesentlich wichtige Bausteine sind, an denen du dich orientieren kannst.

Der Prozess des Erwachens und die Erleuchtung sind sicher keine zufälligen Ereignisse im Leben eines Menschen. Es kann sein, dass die Zeit dafür Reif sein muss, das ist richtig. Aber wenn du dich intensiv damit beschäftigst und das tust du bereits, sonst hättest du nicht meine Bücher gelesen, dann glaube ich, dass die Zeit für dich gekommen ist.

Ich denke, dass die Menschheit viel schneller erwachen könnte, als sie das tut. Die Tatsache das Erwachtes Bewusstsein aus dem Kreislauf des Inkarnationsprozesses aussteigt, macht es nicht leichter. Das bedeutet gleichzeitig, dass immer weniger erwachtes Bewusstsein in Form von Menschen auf Erden sind. Das globale Erwachen wird aber auch durch den Einfluss von Menschen, die erwacht sind, vorangetrieben. Das Internet, die sozialen Medien und der leichte Zugriff auf einschlägige Literatur, macht es etwas leichter, aufzuklären. Vielleicht befinden wir uns jetzt wirklich in einem Transformationszeitalter und das Erwachen nimmt jetzt seinen Lauf. Es wäre schön, weil es ein Segen für uns alle wäre.

Zurzeit herrschen noch sehr viel Ego und somit sehr viel Leid auf dieser Welt. Dies sehen wir an unseren Kriegen, an der Gewalt und an der Not, wie Hunger und anderes Leid auf vielen Teilen dieser Erde. Erwachtes Bewusstsein bedeutet Gottesbewusstsein und Einheitsbewusstsein. Dieses Leid, das wir auf unseren Planeten Erde vorfinden, wäre nicht notwendig, wenn wir alle ein Gottesbewusstsein hätten. In Gott sind wir alle eins. Du bist ich, ich bin du, ein Geist, ein Bewusstsein. Keiner auf dieser Erde, ist besser oder schlechter als irgendein anderer, wir haben nur unterschiedliche Masken. Jeder hat Glück, Freude, Freiheit und Liebe verdient. Nur durch die optische Täuschung aufgrund unserer Körper, unterliegt unser Ego der Illusion, dass wir getrennt voneinander sind. Wir sehen uns meist als Körper und nicht als das eine Bewusstsein, das wir in Wahrheit sind.

Nur durch das Erwachen können wir uns von dieser Illusion lösen und Frieden in uns und auf unserer Welt schaffen. Es wäre schön, wenn wir alle einen spirituellen Unterricht in der Schule hätten, um dieses globale Erwachen zu fördern. Ich werde weiter machen und an meinen Büchern schreiben und hoffe, dass ich viele Leser erreiche und zum Umdenken motivieren kann. Denn nur wenn wir gemeinsam einen friedlicheren Weg - einen Weg aus dem Ego heraus - anstreben, können wir in der Welt etwas bewirken.

Ich wünsche dir jetzt das Allerbeste auf deinem Weg und das du beharrlich weiter gehst. Wobei beharrlich in dem Zusammenhang nichts mit einem verbissenen, verkrampften Streben zu tun hat, sondern vielmehr mit einem Loslassen und einem Zurücktreten aus deinem Streben, irgendetwas zu erreichen. Stattdessen dich fallen zu lassen in die Hände Gottes, in die Meditation zu kommen und dort deine Heimat zu finden. Die Beharrlichkeit bezieht sich in dem Sinne auf das beharrliche, bewusst bleiben und erkennen, was dein Ego macht und wie sehr du noch deinem Ego folgst, oder wie sehr du schon in deinem SELBST angekommen bist.

Immer wenn du völlig bewusst bist, bist du in deinem SELBST, dann kannst du bewusst entscheiden, wie du auf dein Ego reagierst und ob du überhaupt reagierst. Also beharrlich aus deinem unbewussten Dasein aussteigen, so könnte man es auch formulieren. In diesem Sinne.

Alles Liebe.

39.

Ich gehe

beharrlich meinen

spirituellen Weg weiter,

dieser Weg stärkt

mich und lässt mich

immer mehr bei

Gott ankommen.

Weiterführende Literatur:

Regulus Botschaften, Band 1-8, von Bettina Büx
Gespräche mit Gott, Band 1-3, von Neale Donald Walsch
Liebe, Freiheit, Alleisein, von Osho
Bewusst Sein, von Osho
Intimität, von Osho
Mut, von Osho
Aus purer Lust am Leben, von Osho
Leben, Lieben, Lachen, von Osho
Sex, das missverstandene Geschenk, von Osho
Gesund durch Meditation, von Jon Kabat-Zinn
Wu Wei, von Theo Fischer
Der Millionär und der Mönch, von Julian Hermsen
Eine neue Erde, von Eckhart Tolle
Stille spricht, von Eckhart Tolle
Leben im Jetzt, von Eckhart Tolle
Erwachen zum wahren Sein, von Kurt Tepperwein
Du bist Liebe, von David Deida
Zeit für Liebe, von Diana Richardson
Das Tao der Sexualität, von Stephen T. Chang.
Erleuchtung ist möglich, von David Hawkins
Erleuchtung durch den Pfad der Kundalini, von Tara Springett
Nach der Erleuchtung Wäsche waschen und..,von Jack Kornfield
Nach der Erleuchtung ist auch wieder Montag, von Gottfried Sumser
Ein Kurs in Wundern, von Greuthof Verlag